本书受国家自然科学基金青年项目资助（项目编号：32200889）

睡眠不足对风险决策的影响研究

THE EFFECTS OF SLEEP DEPRIVATION
ON RISK-TAKING DECISION

毛天欣◎著

经济管理出版社

图书在版编目（CIP）数据

睡眠不足对风险决策的影响研究/毛天欣著 . —北京：经济管理出版社，2023.9
ISBN 978-7-5096-9290-5

Ⅰ.①睡… Ⅱ.①毛… Ⅲ.①睡眠—影响—风险决策—研究 Ⅳ.①C934

中国国家版本馆 CIP 数据核字（2023）第 183980 号

组稿编辑：张　艺
责任编辑：申桂萍
助理编辑：张　艺
责任印制：黄章平
责任校对：蔡晓臻

出版发行：经济管理出版社
　　　　　（北京市海淀区北蜂窝 8 号中雅大厦 A 座 11 层　100038）
网　　址：www.E-mp.com.cn
电　　话：（010）51915602
印　　刷：唐山玺诚印务有限公司
经　　销：新华书店
开　　本：720mm×1000mm/16
印　　张：11.25
字　　数：201 千字
版　　次：2023 年 10 月第 1 版　2023 年 10 月第 1 次印刷
书　　号：ISBN 978-7-5096-9290-5
定　　价：78.00 元

·版权所有　翻印必究·
凡购本社图书，如有印装错误，由本社发行部负责调换。
联系地址：北京市海淀区北蜂窝 8 号中雅大厦 11 层
电话：（010）68022974　邮编：100038

前 言

睡眠作为人类生活必不可少的一个环节，在人的一生中，约占了1/3的时间。然而，随着现代科技的发展，人类生活节奏的加快，睡眠不足在现代人群中越来越普遍。以往很多研究发现睡眠不足会对个体的基本认知功能（如警觉性）和情绪状态造成一定的损害，而对风险决策的影响结果不太一致。日常生活中面对睡眠不足带来的负面影响，大多数人可能会选择通过周末补觉的方式来缓解。但是近期的研究发现，长期的睡眠不足会产生一种累积效应，周末补觉可以在一定程度上缓解睡眠不足带来的负面影响，但是并不能完全消除这种睡眠"负债"。结合以往文献，本书发现有研究报告显示可以通过黎明时模拟日出动态照明来降低睡眠不足对个体基本认知功能和情绪状态的影响。但这种黎明模拟光只能在睡眠不足的第一晚起作用，随着睡眠限制时间的持续、睡眠压力的增高，黎明模拟光将无法对抗这种累积效应。那么将两种对抗措施相结合，是否可以完全消除两晚睡眠限制引起的负性影响呢？为了找到答案，本书拟采用严格的实验室方法，全面探讨睡眠不足对风险决策的影响，并且进一步探讨不同的对抗措施对睡眠限制负性影响的缓冲作用。

研究1主要探讨了与正常睡眠相比，睡眠限制条件下个体风险决策水平和情绪状态的变化，同时进一步考察了在睡眠限制条件下睡眠结构的变化。研究1采用单因素被试内设计，每个被试（N=16）在实睡4晚（适应晚9小时、基线晚8小时、第一晚睡眠限制6小时、第二晚睡眠限制6小时），每晚均需使用睡眠多导记录仪PSG检测整晚的睡眠。同时，每晚觉醒后要求被试立即完成PVT任务；此外，上午、下午、晚上这3个时段均要求被试完成任务测试和量表填写

（PVT、BART、KSS 和 PANAS）。研究 1a 发现：睡眠限制确实会引起个体警觉性的下降和风险决策的提升，同时会导致个体积极情绪的下降；且连续两晚睡眠限制引起的损害大于一晚的损害。研究 1b 发现：在睡眠限制条件下，N1 期、N2 期、REM 期时长所占整晚睡眠的比率有所下降，N3 期的睡眠所占比率有所上升，同时睡眠效率提高，入睡后觉醒时间下降，睡眠潜伏期下降，REM 睡眠潜伏期下降；且连续两晚的睡眠限制引起的睡眠结构变化的趋势要大于一晚的。

研究 2 主要探讨睡眠恢复是否可以在一定程度上减少睡眠限制对个体风险决策和情绪状态的负面影响，同时进一步考察睡眠恢复对睡眠结构的影响。研究 2 采用被试内设计，每个被试（N = 16）在实验室睡 5 晚（适应晚 9 小时、基线晚 8 小时、第一晚睡眠限制 6 小时、第二晚睡眠限制 6 小时、睡眠恢复晚 10 小时），均需使用睡眠多导记录仪 PSG 检测整晚的睡眠。同时，每晚觉醒后要求被试立即完成 PVT 任务；此外，上午、下午、晚上这 3 个时段均要求被试完成任务测试和量表填写。研究 2a 发现：睡眠恢复可以提高睡眠限制引起的警觉性，并使积极情绪提升，而对消极情绪和风险决策的影响不大。研究 2b 发现：两晚睡眠限制之后，被试 N1 期和 N2 期的睡眠所占比率有所下降，N3 期的睡眠所占比率上升，而 N1 期、N2 期和 N3 期的比率在经过 1 晚的睡眠恢复之后均能够恢复到基线水平；同时，睡眠效率在睡眠限制后有提高的趋势，睡眠恢复后则呈现出下降的趋势，入睡后觉醒时间、睡眠潜伏期和 REM 睡眠潜伏期也均在睡眠限制后呈下降趋势，在睡眠恢复后呈上升趋势。

研究 3 主要考察新型干预方式——黎明模拟光是否可以在一定程度上减少睡眠限制对个体风险决策水平和情绪状态的负面影响，同时进一步探讨其对睡眠结构的影响。研究 3 采用被试内设计，每晚均需使用睡眠多导记录仪 PSG 检测整晚的睡眠。同时，每晚觉醒后要求被试（N = 13）立即完成 PVT 任务；此外，上午、下午、晚上这 3 个时段均要求被试完成任务测试和量表填写。研究 3a 发现：黎明模拟光可以缓解睡眠限制引起的警觉性，以及积极情绪及风险决策增高的负性影响，且黎明模拟光的缓冲作用在睡眠限制 1 晚之后有好于 2 晚的趋势。研究 3b 发现：与无光条件相比，黎明模拟光没有改变任何的睡眠结构（N1 期、N2 期、N3 期、REM 期睡眠时长，睡眠效率，入睡后觉醒时间，睡眠潜伏期，REM 睡眠潜伏期）。

研究 4 主要探讨了黎明模拟光和睡眠恢复相结合的对抗方法是否可以将个体的风险决策水平和情绪状态恢复到基线水平，同时比较了三种对抗措施（黎明模拟光 vs. 睡眠恢复 vs. 黎明模拟光与睡眠恢复的联合对抗）的差异。研究 4 采用被试内设计，每晚均需使用睡眠多导记录仪 PSG 检测整晚的睡眠。同时，每晚觉醒后要求被试（N=13）立即完成 PVT 任务；此外，上午、下午、晚上这 3 个时段均要求被试完成任务测试和量表填写。研究 4a 发现：经过两晚的睡眠限制后，联合对抗作用（睡眠限制伴随黎明模拟光的干预+两晚睡眠限制后紧跟着一晚的睡眠恢复）的客观警觉性水平、风险决策偏好水平及情绪状态都能够恢复到基线水平；甚至在联合对抗措施后，KSS 表现出了比基线更优的水平。研究 4b 发现：被试刚醒时在客观警觉性上三种对抗措施之间没有显著差异；而在醒后 30 分钟后的认知表现和情绪状态中，睡眠恢复和联合对抗这两种措施均好于黎明模拟光。

本书较为系统地考察了睡眠不足对风险决策偏好水平的影响，并且探讨和比较了三种对抗措施的差异，为研究睡眠的生理机制和黎明模拟光的非视觉作用提供了一定的理论参考，也对睡眠限制人群在白天进行合理的风险决策具有一定的借鉴意义。

目 录

1 文献综述 ·· 1

  1.1 睡眠 ··· 1

    1.1.1 睡眠的功能 ·· 1

    1.1.2 昼夜节律 ·· 2

    1.1.3 睡眠调节的双过程模型 ·· 2

    1.1.4 睡眠的测量工具 ·· 3

    1.1.5 睡眠分期 ·· 6

    1.1.6 睡眠结构 ·· 8

  1.2 风险决策 ··· 9

    1.2.1 风险决策的概念 ·· 9

    1.2.2 风险决策的测量方式 ··· 10

    1.2.3 风险决策的影响因素 ··· 12

  1.3 睡眠限制 ··· 15

    1.3.1 睡眠限制对警觉性和注意力的影响 ···························· 16

    1.3.2 睡眠限制对困意和情绪的影响 ··································· 18

    1.3.3 睡眠限制对风险决策的影响 ······································ 19

    1.3.4 睡眠剥夺影响的脑功能机制 ······································ 21

    1.3.5 睡眠限制对睡眠结构的影响 ······································ 22

    1.3.6 小结 ·· 23

1.4 睡眠不足的对抗措施研究 ·· 24
1.4.1 咖啡因对抗 ·· 25
1.4.2 日间小睡对抗 ·· 25
1.4.3 睡眠恢复对抗 ·· 26
1.4.4 节律对抗 ·· 27
1.4.5 光照对抗 ·· 30
1.4.6 小结 ··· 36

2 问题提出及研究意义 ·· 37
2.1 问题提出 ··· 37
2.2 研究构想 ··· 39
2.3 研究意义 ··· 40
2.3.1 理论意义 ·· 40
2.3.2 现实意义 ·· 40

3 研究1：睡眠不足对风险决策的影响 ·· 41
3.1 研究1a：睡眠不足对风险决策的负性影响 ······················· 42
3.1.1 实验目的 ·· 42
3.1.2 实验方法 ·· 42
3.1.3 数据分析 ·· 48
3.1.4 实验结果 ·· 48
3.1.5 讨论 ·· 55
3.2 研究1b：睡眠限制对睡眠结构的影响 ····························· 56
3.2.1 实验目的 ·· 56
3.2.2 实验方法 ·· 57
3.2.3 数据分析 ·· 57
3.2.4 实验结果 ·· 57
3.2.5 讨论 ·· 61

4 研究 2：睡眠恢复的对抗作用 ································ 63

4.1 研究 2a：睡眠恢复对风险决策的对抗作用 ················ 63
4.1.1 实验目的 ·· 63
4.1.2 实验方法 ·· 64
4.1.3 数据分析 ·· 65
4.1.4 实验结果 ·· 65
4.1.5 讨论 ··· 69

4.2 研究 2b：睡眠恢复对睡眠结构的影响 ····················· 70
4.2.1 实验目的 ·· 70
4.2.2 实验方法 ·· 71
4.2.3 数据分析 ·· 71
4.2.4 实验结果 ·· 72
4.2.5 讨论 ··· 75

5 研究 3：黎明模拟光的对抗作用 ································ 77

5.1 研究 3a：黎明模拟光对风险决策的对抗作用 ············· 78
5.1.1 实验目的 ·· 78
5.1.2 实验方法 ·· 78
5.1.3 数据分析 ·· 81
5.1.4 实验结果 ·· 81
5.1.5 讨论 ··· 93

5.2 研究 3b：黎明模拟光对睡眠结构的影响 ··················· 95
5.2.1 实验目的 ·· 95
5.2.2 实验方法 ·· 95
5.2.3 数据分析 ·· 96
5.2.4 实验结果 ·· 96
5.2.5 讨论 ··· 100

6 研究4：睡眠恢复和黎明模拟光的共同对抗 101

6.1 研究4a：联合对抗措施的缓冲作用 102
6.1.1 实验目的 102
6.1.2 实验方法 102
6.1.3 数据分析 104
6.1.4 实验结果 104
6.1.5 讨论 105

6.2 研究4b：不同对抗措施的比较 106
6.2.1 实验目的 106
6.2.2 实验方法 106
6.2.3 数据分析 108
6.2.4 实验结果 108
6.2.5 讨论 112

7 总讨论和结论 113

7.1 总讨论 113
7.1.1 睡眠限制的负性影响 115
7.1.2 睡眠恢复的对抗作用 116
7.1.3 黎明模拟光的对抗作用 117
7.1.4 联合措施的对抗作用 118

7.2 研究创新 118
7.2.1 研究方法的创新 118
7.2.2 研究内容的创新 118

7.3 研究不足与未来研究方向 119

7.4 本书启示 121

7.5 结论 122

附录 124

参考文献 144

1 文献综述

1.1 睡眠

睡眠是高等脊椎动物周期性出现的一种自发的和可逆的静息状态,表现为机体对外界刺激的反应性降低和意识的暂时中断。它涵盖了行为、生理和神经现象等多个层面,既可以从行为层面(相对缺乏运动、意识和反应)来描述,也可以从大脑层面(基于脑电图活动 EEG)来描述。正是由于睡眠现象的复杂性和结构的多维性,导致我们很难对其下一个绝对的定义。总的来说,睡眠的主要维度包括睡眠时长、睡眠质量、睡眠结构(大脑活动模式)和昼夜节律。

此外,睡眠还是一种以某种形式存在于所有动物身上的生理现象,这种现象的普遍性表明睡眠行为可能与进化有关(Siegel,2009)。同样,睡眠也是人类赖以生存的现象,人类一生中大约有 1/3 的时间(每晚约 8 小时)在睡觉。充足连续的睡眠对于促进清醒期间的高水平注意力和认知表现,以及预防个人健康状况恶化的生理变化是必要的(Buxton et al.,2012)。

1.1.1 睡眠的功能

所有的动物都需要睡眠,所以睡眠肯定有一些很重要的功能。恢复理论认为,身体在睡眠状态下能够自我修复和恢复体力。当从一整夜的睡眠中醒来时,人们通常会感觉体力得到了恢复。相反，睡眠不足会导致人们白天表现不佳，感到疲倦或困倦，并对免疫系统功能产生影响。生长激素的分泌在睡眠期间达到高峰，这可能有助于夜间肌肉的生长和细胞再生。睡眠时大脑的新陈代谢可能通过清除腺苷等物质发挥恢复功能，腺苷在一天中积累，有助于诱导深度 NREM 睡眠（Porkka-Heiskanen et al., 2013）。特别是，睡眠似乎与细胞间隙的增加有关，从而改善了对神经毒性废物的清除（Xie et al., 2013）。

另一种理论认为，当我们清醒时，记忆以神经元的形式形成，这些神经元被激活，加强了它们之间的联系。而在睡眠状态下的神经元几乎和清醒状态下的神经元一样频繁地活动，消耗的能量也差不多，但睡眠中自发的放电可能会削弱许多神经回路中神经元之间的突触或接触点，通过削弱突触，睡眠可以防止脑细胞在日常生活中过度饱和，也可以防止脑细胞消耗过多的能量。这种被称为突触内稳态的基线状态的恢复，可能是睡眠的基本目的（Tononi & Cirelli, 2013）。

1.1.2　昼夜节律

节律性是所有生物体的基本特性之一。周期性的变化，如地球自转引起的昼夜交替，支配着所有生物的功能。昼夜节律一词来源于拉丁语"circa""diem"，是"关于""一天"的意思。它存在于所有的代谢、生理和认知活动中，使生物体能够预测周期性的环境变化，从而确保最佳的功能（Lavoie et al., 2003; Berson, 2003; Hatori & Panda, 2010; Bromundt et al., 2011）。即使当生物体与外界信息隔绝时，昼夜节律也会持续存在。昼夜节律是由相对于参考时间的周期（大约 24 小时）、振幅和相位来定义的。昼夜节律几乎可以用每一个生理变量来衡量，其中最显著的例子是核心体温节律、不同的激素节律，如褪黑激素和皮质醇，以及睡眠—觉醒节律。24 小时的光/暗周期（LD）起着"授时因子"的作用，调节昼夜节律（昼夜节律并不完全是 24 小时）以适应地球的 24 小时自转（Golombek & Rosenstein, 2010; Roenneberg et al., 2013; Gabel, 2015）。

1.1.3　睡眠调节的双过程模型

睡眠和清醒是两种完全不同的行为状态，前者代表休息、身体活动的减少及不对外界刺激进行反应；后者代表活动，身体活动的增加及对外部刺激的反应

(Saper et al., 2005)。在过去的几十年，睡眠调节的双过程模型已经成为广泛应用于睡眠研究的一个主要概念框架，同时可以用来解释个体的睡眠结构的差异(Dijk & von Schantz, 2005)。双过程模型包括昼夜节律过程（Circadian Process, C 过程）和内稳态睡眠驱动过程（Homeostatic Process, S 过程）。双过程模型假设依赖于由生理起搏器控制的 C 过程和睡眠—清醒周期的 S 过程的交互作用，两者决定了睡眠调节的突出方面。C 过程反映了自我维持的生物钟的输出（the Output of the Self-sustained Circadian Clock）；S 过程代表了睡眠负债（Sleep Dept），在清醒时增加，在睡眠时减少，在一个值范围内，这个值随着昼夜节律起搏器的周期振荡（Borbely, 1982），睡眠或苏醒的倾向被假定取决于 S 到 C 的上阈值或下阈值的距离：当稳态 S 过程接近 C 过程的上阈值时发生睡眠，而当稳态 S 过程达到 C 过程的下阈值时则会触发觉醒。非快速眼动（NREM）睡眠脑电图（EEG）慢波活动（SWA）是 S 过程睡眠中的主要标志；清醒时的 theta 活动是 S 过程上升时的标志（Borbely & Achermann, 1999）。核心体温（Core Body Temperature）和褪黑素节律（Melatonin Rhythms）是 C 过程的标志。双过程模型及交互作用如图 1-1 所示（Tobler, 1983）。

研究发现，在因视交叉上核损伤而出现心律失常的动物中，睡眠稳态未被破坏（Tobler et al., 1983; Trachsel et al., 1992）。这表明这两个过程是单独被调控的。模型中的 S 过程不影响昼夜节律钟的功能，睡眠稳态过程不随昼夜节律期的变化而变化。在生活中，人们强迫去同步协议（一种强加的睡眠觉醒周期，超出了昼夜节律起搏器的控制范围）导致睡眠发生在不同的昼夜节律阶段。这可以将睡眠唤醒周期与昼夜节律分离开，从而分别评估它们对睡眠和任务表现变量的独立影响（Dijk & Czeisler, 1995; Wyatt et al., 1999）。

1.1.4 睡眠的测量工具

随着人们对睡眠重要性的认识越来越深入，睡眠的评价方法也得到了很多的关注。目前，测量睡眠的方法主要包括多导睡眠监测、视频睡眠监测、直接行为观察、体动记录仪、睡眠日志和问卷调查（Sadeh & Avi, 2015）。

多导睡眠监测（Polysomnography, PSG）。PSG 是临床和研究中评估实验室睡眠的主要工具，被认为是睡眠评估的黄金标准。在 PSG 中，脑电图和其他传

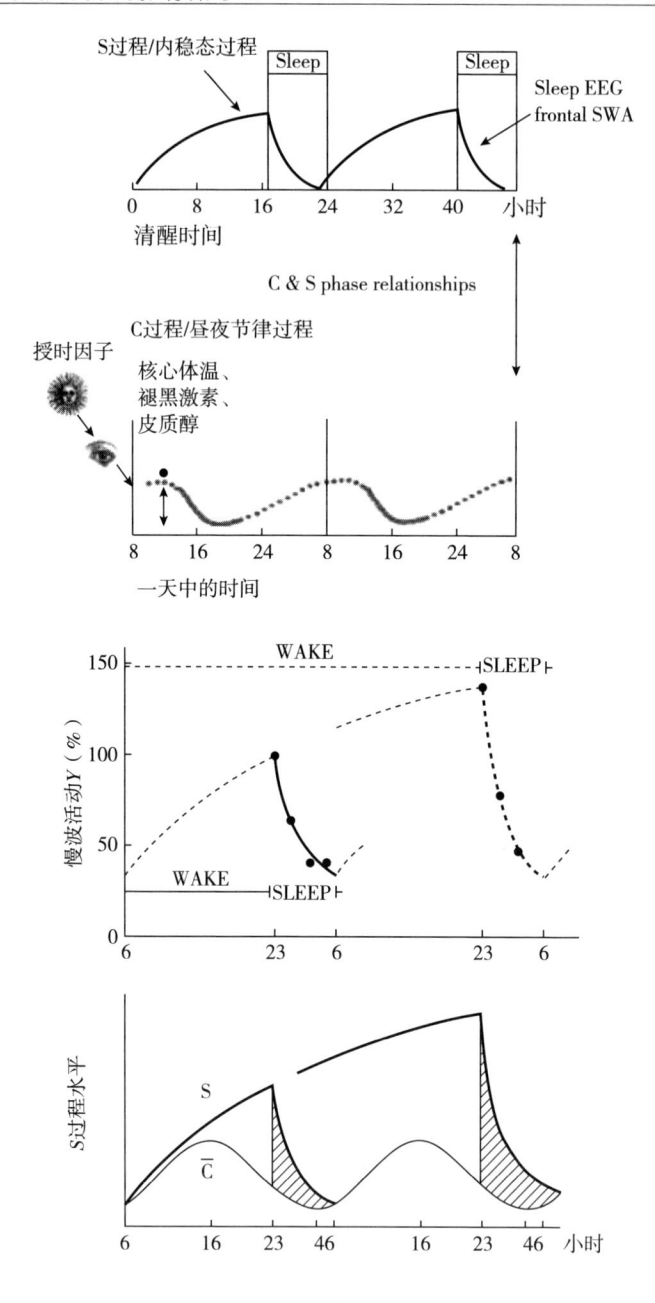

图 1-1 双过程模型及交互作用

感器被用来对不同阶段的睡眠进行分类。最初的睡眠分期规则是在 20 世纪 30 年代提出的，而正式的睡眠分期规则是在 1968 年首次提出的（Rechtshaffen &

Kale，1968）。自 2007 年以来，大多数睡眠实验室使用美国睡眠医学学会（American Academy of Sleep Medicine，AASM）手册中的术语和评分规则对睡眠和相关事件进行评分。此手册提供了睡眠过程中最详细的数据集（包括大脑活动、睡眠结构、睡眠阶段、睡眠质量、觉醒、呼吸模式、氧饱和度、睡眠期间的眼动和腿部运动等）；多种睡眠障碍的诊断离不开从多导睡眠图中获得的具体信息。此外，实验室环境下的多导睡眠监测在标准化条件下对受试者提供了完全的控制和监督。多导睡眠监测可以通过多睡眠潜伏期测试等程序客观地评估人们白天的困倦程度。然而，PSG 要求受试者在独特的条件下睡眠，需要对非自然的睡眠环境（实验室）和附加的电极和传感器具有耐受性，这是对正常睡眠模式的挑战。所以，通常需要进行一些调整（第一晚适应）。由于 PSG 的费用较高，且需要几个晚上，常使数据不具有代表性。

视频睡眠监测（Videosomnography）。视频睡眠监测是在自然睡眠环境中对睡眠的视频记录（Anders et al.，1992；Burnham et al.，2002a）。常用于儿童成长阶段的研究。在孩子的房间里安装一台或多台摄像机，可以记录并识别孩子的睡眠模式（包括婴儿活跃和安静的睡眠时间），也有可能记录父母的干预和孩子夜间醒来时的行为。基于视频的研究可以记录幼儿自我安慰能力的发育情况，以及婴儿醒来时是否通过哭闹向父母发出信号。该方法的优点是能够直接评估孩子在自然睡眠环境中的睡眠。获得的信息包括孩子的夜间行为和父母的干预。该方法的缺点是需要在家安装设备，并应注意相关的安全问题，以及由于摄像机的位置和动作而造成的数据干扰。此外，一些家长可能会觉得他们的隐私受到侵犯。

直接行为观察（Direct Behavioral Observation）。快速眼动期（REM）睡眠的最初发现是由对眼球运动感兴趣的科学家直接观察婴儿，注意到 REM 睡眠的周期性和独特特征。他们研究了成年人的这一现象，并发表了一篇关于 REM 睡眠发现的开创性论文。REM 睡眠被认为是现代睡眠研究的基石（Aserinsky & Kleitman，1953）。该方法要求训练有素的观察者在家中或托儿所的指定时间内完成睡眠和清醒状态的实时评分。该方法的优点是可以在家中或婴儿的其他正常睡眠环境中进行。直接行为观察提供了丰富的睡眠和清醒状态时的信息，以及与神经行为组织和预测未来发育相关的行为。该方法的缺点是其是高度劳动密集型的，通常限制在白天的几个小时内完成，且只适用于评估婴幼儿的睡眠。此外，有一个观察者在家里可能会干扰家庭的日常习惯且使其感到没有隐私感。

体动记录仪（Actigraphy）。其是一种类似体动记录仪的设备，它可以持续监测身体的运动，并在自然环境中提供长时间睡眠—唤醒模式的信息。同时，可以长时间收集活动数据并且将这些数据转化为有效的睡眠测量（Meltzer et al.，2012）。目前，美国睡眠障碍委员会（American Sleep Disorders Association，ADSA）已经在睡眠医学中制定了使用体动记录仪的标准操作指南（American Sleep Disorders Association，1995；Littner et al.，2003；Morgenthaler et al.，2007）。Actigraphy 尤其适用于对睡眠节律紊乱的评估，是评估和治疗失眠的补充方法，因为它支持长时间的持续监测。Actigraphy 的缺点是外部诱导产生的运动伪影可能会对数据的准确性产生一定的干扰。因此，在分析数据时，不应该执行自动睡眠—唤醒评分。睡眠日记可以作为去除阴影的一种有效辅助方法。通常，为了获得可靠的数据，建议 Actigraphy 的监测时间至少要 5 天（Acebo et al.，1999）。

主观报告［包括睡眠日志（Sleep Diaries）和睡眠问卷（Sleep Questionnaires）］。睡眠日志可以提供关于睡眠时间表、夜间唤醒和相关的信息。研究发现，高中生在睡眠日志中的报告结果是可靠的（Gaina et al.，2004）。在很多研究中，睡眠日志被用来控制体动记录仪的质量（如伪影去除等）。同时也有一些研究直接将睡眠日志的数据进行数据分析。睡眠问卷提供了一种非常便利的方式，可以获得关于睡眠模式、睡眠问题、睡眠环境和睡眠评估相关行为的广泛信息。相对来说，调查问卷和睡眠日志简单、经济，并且可以在不同的环境下测量多种睡眠参数。对于某些睡眠参数（如持续时间）的评估，睡眠日志数据可能比问卷更准确。另外，虽然主观测量与客观测量的相关性不是很大，但主观报告提供了重要的、独特的信息。主观报告的缺点是，信息会受到被试偏差、遵从性等的影响；此外，对于大多数问卷，缺乏按年龄、性别、民族等划分的标准化和规范的界定。

1.1.5 睡眠分期

睡眠可以大致分为快速眼动（REM）睡眠和非快速眼动（NREM）睡眠。根据美国睡眠医学学会的评分规则，要求使用 PSG 中的脑电图（EEG）、肌电图（EMG）检查肌肉张力；以及用眼电图（EOG）检查眼球运动来联合确定睡眠的阶段。脑电图数据来源于置于头部额区、中央区、枕区位置的电极，参照国际10-20系统的标准，左半脑奇数，右半脑偶数。完整的脑电图监测需要放置10~20个电极，而睡眠分期只需要部分电极（F3、F4、C3、C4、O1、O2）。脑电波通过振幅和频率来评估：不同的频率与不同的睡眠阶段有关。通常，睡眠分期需要逐帧（一帧30秒）进行分析。

清醒期。成年人通常一天至少有2/3的时间是清醒的。行为线索（包括睁开眼睛、运动和谈话）都可以显示出警觉性。然而，随着活动的结束，人们会躺下来闭上眼睛。此时，脑波缓慢至稳定的后Alpha节律，这一节律是清醒与睡眠之间的桥梁。当这种节奏进一步放缓时，睡眠就来了。

非快速眼动期。大多数成年人会通过非快速眼动睡眠从困倦状态进入睡眠。目前，NREM睡眠分为三个阶段：N1期、N2期和N3期（旧的规则有四个阶段的NREM睡眠，在现有规则中，NREM阶段N3期和N4期合并为N3期）。

N1期。N1期睡眠是典型的从清醒到睡眠的过渡。它的特点是在波（4~7Hz）范围内的低振幅混合脑电图频率至少占整个一帧的50%。N1阶段是睡眠最轻的阶段；从睡眠中醒来的人通常不会意识到他们实际上是睡着了。N1期睡眠通常占年轻人总睡眠时间的5%~10%，甚至更少（Ohayon et al.，2004）。在多导睡眠图中，N1期睡眠比例的增加可能提示睡眠分裂障碍（如阻塞性睡眠呼吸暂停）。然而，它也可能代表了患者在心理上适应睡眠实验室监控的"第一晚效应"（Agnew et al.，1966）。

N2期。N2期睡眠占正常中年人总睡眠时间的最大比例，通常占夜间的45%~55%（Ohayon et al.，2004）。它的特征是脑电波的θ频率。在N2期脑电图上首次出现的NREM睡眠有两个明显的特征：睡眠纺锤波（Sleep Spindles）和K复合波（K-complexes）。睡眠纺锤波一般较短（至少0.5秒），脑电图频率为11~16Hz（最常见的是12~14Hz），且主要发生在脑电图的中央区导联。K复合波是一种轮廓清晰的、负的、尖锐的波，紧随其后的是一种从背景脑电图中突出的、持续时间为0.5秒的正相波。

N3期。N3期睡眠通常被称为"深度睡眠"或"慢波睡眠"。它的特征是低频（0.5~2Hz），振幅为大于75微伏的高振幅脑电波，且这种脑电波至少需占每帧睡眠的20%。N3期睡眠通常占年轻人到中年人总睡眠时间的10%~20%，并且随着年龄的增长而减少（Ohayon et al., 2004）。N3 期睡眠更倾向于发生在夜晚的前半部分，尤其是在夜晚的开始，因为睡眠期间的慢波活动代表了对睡眠的内稳态驱动，在清醒期之后达到最大值。与 N1 期和 N2 期相比，N3 期睡眠更难唤醒睡眠者。一般来说，N3 期往往是呼吸和心血管稳定的时期。

R 期。快速眼动睡眠期（REM Sleep）主要有三个特征，分别需要脑电图、眼电图和肌电图来捕捉。第一，脑电图显示低电压混合脑电图。锯齿波是快速眼动睡眠的常见现象，这些 2~6Hz 的波型具有明显的轮廓，通常会在短时间内爆发。第二，快速的眼球运动，既初始相位小于 500 毫秒的共轭的、不规则的、尖峰的眼球运动。第三，肌电图显示张力减退，表明所有随意肌（眼外肌和横膈膜除外）都不活动。肌张力障碍是运动神经元受到直接抑制的结果。根据早期的研究，快速眼动睡眠通常与生动的梦境联系在一起（Aserinsky & Kleitman, 1953）。尽管快速眼动睡眠只占总睡眠时间的不到 1/4（从 18%~23% 不等），但这一阶段睡眠的功能仍存在争议（Ohayon et al., 2004）。有一种假说认为，快速眼动睡眠是一段记忆巩固的时间，在这段时间里，重要的记忆被保留，不那么重要的神经连接被删除（Tononi & Cirelli, 2013）。快速眼动睡眠与心率、呼吸速率、血压和通气的不规则性有关。所以，一些睡眠障碍（嗜睡症、阻塞性睡眠呼吸暂停、快速眼动睡眠行为障碍）可能与快速眼动睡眠的异常或生理事件有关（American Academy of Sleep Medicine, 2005; Howell, 2012）。

觉醒期。睡眠阶段有两种变化，随着睡眠的逐渐加深，特定的脑电图、EOG 和 EMG 表现将变得清晰可见。或者，觉醒会发生，把人从深度睡眠带到轻度睡眠或清醒状态。觉醒是由特定的标准定义的。在 N1 期、N2 期、N3 期或 R 睡眠阶段，如果脑电图频率（包括 Alpha、Theta 和/或大于 16Hz，但不包括纺锤波）的频率突然变化持续至少 3 秒，且在变化之前至少有 10 秒的稳定睡眠，则会判读为觉醒期。REM 期间的觉醒的判读要求同时增加至少 1 秒的下颌肌电。

1.1.6 睡眠结构

睡眠不是一个均匀的过程，几乎在任何一个夜晚都会经历多个离散的周期。这些周期以非快速眼动（NREM）睡眠和快速眼动（REM）睡眠的典型模式出现，一个周期大约持续 90~120 分钟。通常来说，夜晚的第一个周期首先从清醒期到 N1 期，其次进入 N2 期、N3 期，最后进入快速眼动期。随着夜间睡眠周期的持续，每个周期中快速眼动睡眠的比例通常会增加。N3 期睡眠的比例在整个晚上都有下降的趋势，在前半部分的比例最大。

睡眠结构在人的一生中也会有所不同。新生儿每天睡眠 16~18 小时，没有明确的昼夜节律阶段。他们倾向于进入快速眼动睡眠而不是进入非快速眼动睡眠。大约三个月大时，他们开始形成昼夜循环，进入非快速眼动睡眠。总的睡眠时间逐渐减少，最终达到青春期后成年人的标准。年青人通常每晚睡眠约 8 小时，N3 期睡眠比例较高；随着人类过渡到中年及以后，N3 期的比例下降，觉醒和 N1 期的比例上升。然而，值得注意的是，快速眼动睡眠的比例在整个成年期是相当稳定的。虽然通常认为老年人的睡眠时间会减少，但年青人和老年人所需的睡眠时间似乎并没有太大差别。

1.2 风险决策

1.2.1 风险决策的概念

风险决策指的是个体在不确定的状态下所做出的决策。具体来说，就是在面临决策时，人们对可能存在的环境因素有所了解，但并不清楚每种环境因素发生的准确概率，这些环境因素出现的概率可以看作是风险，即存在未知条件下的决策。Slovic 等（2005）认为，风险决策包括两个方面的概念：一是对风险的感知，即个体通过直觉与经验对风险情景做出最快的判断；二是运用科学思维（逻辑、推理、概率等）对风险情景做出分析和估计，并最终做出选择。Glimcher 等（2014）认为，风险决策是基于价值的。当人们面临一系列可能的决策行为时，为何选择 A 而不选择 B，是由决策结果的价值决定的。Yate 等（1992）认为，风险决策行为其实是一种最优化选择的过程，这一选择过程需要考虑三个要素，即结果的损失或盈利、损失或盈利的权重，以及损失与盈利之间的不确定性。可见，在风险决策过程中，风险与收益是决策行为所要考虑的两大重要因素，但风险与收益之间的关系却难以确定。早期研究指出，尽管在现实生活中，风险与收益可能存在正相关关系，但在人们的思维和判断中却往往呈负相关关系（Fishhoff et al.，1978）。谢晓非和徐联仓（2005）认为风险决策即个体或群体在2个或2个以上的备择风险选项中做出最佳选择的行为。因此，目前的研究对风险决策的定义并没有统一的标准，但可以总结风险决策中的几个关键要素：环境要素的不确定性、备选方案的不唯一性、损失与收益关系的模糊性、客观信息与主观感受的不对等性。

1.2.2 风险决策的测量方式

以往对于风险决策水平的测量有以下几种方式：一是问卷法，可以直接通过问卷测试被试冒险倾向，其中经典的风险决策问卷是Weber在2002年提出的对风险偏好的测量、Barratt编制的冲动性量表；二是采用情景实验，经典的有赌博游戏、骰子游戏任务、模拟投资决策任务等范式，在给定输赢概率的情况下，个体多次选择以求达到最大收益；三是风险领域中有很多经典的任务范式，包括爱荷华博弈任务、延迟折扣任务、气球模拟风险任务等。

在问卷研究中，Weber等（2002）编制了冒险领域特殊性（Domain-specific Risk-taking，DOSPERT）量表，将个体的冒险行为分为娱乐、健康/安全、经济、社会和道德5个领域，认为个体在不同领域有不同的风险偏好。如在社会领域，题目为在一些重要问题上与父亲的意见不一致；金融领域为将10%的年收入用于投资基金等。某一领域得分越高表明被试风险偏好程度越高，得分越低表明越倾向于风险规避。该量表具有适用更广的年龄范围和不同教育程度的人群，具有普适性。另一个经常使用的相关问卷是Barratt冲动性量表（BIS-11）。李献云等（2011）通过修订Barratt冲动性量表将该量表引入国内。该量表共30个条目，分为非计划、行动冲动性和认知冲动性3个分量表，每个分量表包含10个条目，采用1~5分五级评分，分别对应"不是""极少""有时""经常""总是"。其中非计划和认知冲动性分量表的条目均为反向记分，得分越高，表明冲动性越强。该量表各维度的内部一致性系数在0.77~0.89，重测信度为0.68~0.89，信效度良好。

风险决策领域最常用的任务范式是爱荷华博弈任务（Iowa Gambling Task，

IGT；Bechara，2003)、延迟折扣任务（Delay Discounting Task，DDT；Johnson & Bickel，2002）和气球模拟风险任务（Balloon Analogue Risk Task，BART；Lejuez et al.，2002)。已有研究发现，IGT 和 DDT 测量的行为指标比较单一，与真实生活中的风险决策行为的相关性较差，生态效度较低（Pack et al.，2001)。因此，更多研究可能会选择更能准确反映个体真实的风险决策行为特征的 BART 作为任务范式。

IGT 是一个简单的选牌任务，被试有 A、B、C、D 4 种选择，每副纸牌都伴随可能的收益和损失，其中两副牌是低风险的盈利牌，伴随的即时收益小但可能的损失也小；另外两副牌则是高风险的亏损牌，伴随的即时收益大但可能的损失也大。实验中被试选择盈利牌和亏损牌次数的差异，衡量了其决策冲动性和风险偏好水平。被试越多地选择亏损牌，说明其风险偏好水平越高，决策冲动性越强。目前 IGT 任务被广泛地应用于风险决策行为的研究，研究对象包括健康被试和各种临床患者，如抑郁症、脑损伤患者等（Bartzoki et al.，2000；Cavedini et al.，2002；Lawrence et al.，2006；Delazer et al.，2009)。

在 DDT 任务中，被试有两种选择来获得一定奖励：一种是被试可以立即获得价值较小的奖励（如立即获得 50 元)；另一种是等待一段时间后获得价值较大的奖励（如一个月后获得 150 元)。在此任务中，研究者经常通过改变强化物数量和延迟时间，来测定两个强化物在特定时间的主观价值相等点（Indifference Point)，以此计算被试的延迟折扣率（Delay Discount Rate)，越大的延迟折扣率代表个体决策冲动性越强，风险偏好也越高。此外，该任务也被大量应用于正常人和临床患者的风险决策行为研究中（Barkley et al.，2001；Dixon et al.，2003；Audrian-McGovern et al.，2004)。

BART 任务的主要内容为：开始时屏幕上首先会出现一个红色的注视点"+"，注视点呈现时间为 1000 毫秒。接着，会出现一个模拟的气球，一个"充气"按钮和一个"收账"按钮，另外，界面还会同时出现两个文本框，分别显示"挣得总钱数""上一气球金币数"。被试可以点击"充气"按钮给气球充气，但是如果充气太多，气球就会爆炸。有的气球可能第一次充气就会爆炸，有的气球增大到充满整个电脑屏幕才会爆炸（气球随机爆炸，可充气次数为 1~128)。在每次给气球充气一次完成后就会赚到 1 分钱，如果气球爆炸了，那么在这个气球上就不能赚钱，但不影响其他气球。被试感觉气球快炸时可以随时点击"收账"按钮。然后进入下一个气球，这时界面也会同时出现"挣得总钱数""上一气球金币数"的数值。此任务中共有 30 个气球，被试的目标是将所有气球吹得尽量大而又不发生爆炸，使最后得到的钱越多越好。BART 中，经典的统计方法是计算被试在未爆炸气球上的平均充气次数，得分越低，则被认为越规避风险，越不冲动。邓尧等（2021）总结了风险决策研究中的仿真气球冒险任务，认为 BART 任务涉及奖赏和认知控制网络相关的动态风险决策过程。与其他常见的风险决策任务相比，在一个试次中涉及多次吹气决策，其盈利概率以及风险概率也会随着被试选择的不同而发生变化，与现实中变幻莫测的风险情境非常类似。相比于其他任务固定的风险概率设定形式（如在赌博任务中较为固定的输赢概率设定），BART 任务更具生态性以及研究的有效性，更有助于成瘾、精神病理以及不良行为的预测。在与 IGT 任务的对比研究中发现，在 BART 任务中被试更关注奖赏的变化。

1.2.3 风险决策的影响因素

探究以往对风险决策领域研究，可以发现最主要的有两个因素：一是决策者个人的因素；二是给予决策者的选项。风险决策没有办法以一种模式概括所有的选择行为，因为这个行为不仅受各种外在环境因素的影响，同时也受个人内部精神的影响，外在环境因素主要在于选项问题的设计、其中的利益得到和失去的可能性、利益本身的价值等，而内在的因素主要体现在个人的行为习惯、性格、人格以及当下的情绪等（Mellers and Chang, 1994）。另外，风险决策还存在一定的性别差异。例如，Dwyer 等（2002）发现在投资决策行为中，女性更加保守，相比男性更倾向于不冒险。总体来看，风险决策作为一种不确定决策，受个体对风险的感知、风险承受能力、决策策略、情境特征和决策者等多种因素的影响（Figner & Weber, 2011；方卓, 2014；Ferrey & Mishra, 2014；李爱梅等, 2016；Koscielniak et al., 2016；Deuter et al., 2017；Mao et al., 2018）。

人格对风险决策的影响。不同人格特质也会影响个体的风险决策。有研究发现，拥有开放性人格的决策者的选择更加冒险，并且与冒险性显示出显著的相关性；而拥有责任心人格和宜人性人格的决策者的选择更加保守，并且与冒险性存在负相关（Kowert，1997）。之后的研究主要把大五人格作为变量，首先有学者发现人格与环境的相关性，决策者如果在多个地方生活过，总体上具有外倾性和开放性人格，而对风险的寻求也呈现出显著相关，相对地在神经质性、宜人性和责任心上呈现出显著的负相关（Nicholson et al.，2005）。之后有学者发现，在利益得到的情境下，开放性得分高的决策者趋向于风险寻求，神经质性得分高的决策者趋向于风险回避；而在利益失去的情境中，神经质性得分高的决策者趋向于风险寻求（Levin et al.，2002）。此外，也有研究发现，人格变量可以与不同情境条件在交互上有显著相关性，因此对决策产生影响（梁竹苑等，2007）。也有研究发现，竞争能力、斩钉截铁地判断和勤奋等人格变量与决策的冒险性呈现出显著的影响（魏铁军，2002）。有学者针对大学生做了人格变量和决策选择的相关研究，发现人格变量有助于预测面对不同风险决策任务的选择（王孝莲，2011）。另外，有研究者发现不同人格维度对风险决策的选择产生的影响不同，在第五感和第六感维度得分高的决策者倾向于风险回避（王虹，2009）。

他人决策行为对风险决策的影响。刘洪志等（2022）采用眼动追踪技术，系统考察了个体在为所有人决策与为自己决策时的风险决策行为及信息加工过程的差异。结果发现，基于期望值最大化的理论可捕获为所有人决策或为自己多次决策时的情况，却不能很好捕获个体为自己进行单次决策时的情况。另外，有研究者采用BART作为测量风险决策的任务范式来考察个体在自我损耗及不同任务框架下的风险偏好。结果发现自我—他人风险决策存在显著差异，为自己决策更冒险；自我损耗影响自我—他人风险决策，损耗后个体表现出更多的风险厌恶。在自我—他人风险决策中，自我损耗增加了框架效应的敏感性（任亚萍等，2021）。还有研究发现，在他人做出选择后，自己做出的选择如果与他人不同时，那么大脑里关于冲突的一部分就会增强，并且倾向于选择和他人不一样的选择，而对选择相同或不同的喜好程度却没有不同（付艺蕾等，2017）。

不同风险领域对风险决策的影响。以往研究证实不同领域内的风险决策有不同的差异。例如，Blais等（2006）表明风险决策具有领域性。岳灵紫等（2018）也验证了个体的风险行为具有领域特异性，并非跨领域一致。Weber等（2012）基于此将风险决策分为金融、社会、娱乐、健康安全、伦理五大领域，并制作了特定领域风险决策量表——DOSPERT量表。新近一项研究考察了生命和金钱问题下，获得和损失框架中决策任务类型对风险决策的影响。结果发现，生命和金钱问题下，个体在直接给出方案可能结果的描述性决策中仅表现出损失框架下的风险偏好；在通过自主查看方案可能结果的经验性决策中未发现结果框架作用。结果说明描述—经验差距一致性存在于生命和金钱问题中（廖雅慧和韩梦霏，2022）。

睡眠对风险决策的影响。睡眠剥夺作为常见的一种外部环境因素，对风险决策水平也有一定的影响。多数研究人员发现，在睡眠剥夺或睡眠限制后，风险水平显著增加（Killgore et al., 2006; McKenna et al., 2007; Killgore et al., 2011; Frings, 2012; Bayard et al., 2013; Rossa et al., 2014; Lei et al., 2015; Olson et al., 2016; Saksvik-Lehouillier et al., 2020）。例如，在一项研究中，研究人员测量了基线和睡眠剥夺后 IGT 的冒险程度。结果发现，在被剥夺睡眠 49.5 小时后，个体倾向于更频繁地选择损失更大的牌（Killgore et al., 2006）。研究者认为，很有可能是由于睡眠剥夺后，个体对利益或奖励的敏感度提高了，而对风险的敏感度却降低了。即睡眠剥夺可能会导致个体主观感知风险的降低，从而导致在风险决策中寻求风险的倾向（Mullette-Gillman et al., 2015）。另一项分析表明，睡眠不足与冒险风险增加 1.43 倍有关。这种关系存在于各种冒险行为中，包括饮酒、吸毒、吸烟、冒险运输、冒险性行为等（Short & Weber, 2018）。此外，在青少年研究中也发现，睡眠问题较高的青少年有较明显的冒险行为（O'Brien & Mindell, 2005）。然而，也有部分研究人员发现，睡眠不足并不会显著影响一个人的决策风险偏好水平（Venkatraman et al., 2007; Demos et al., 2016）。例如，一项研究比较了参与者分别在家中四个晚上的短睡眠（每晚 6 小时）和长睡眠（每晚 9 小时）后的偏好水平，结果发现，睡眠限制只会对冲动行为产生负面影响，而不会影响冲动决策任务（Demos et al., 2016）。此外，其他一些研究甚至发现，睡眠剥夺后，个人的风险水平似乎更低（Raghunathan & Pham, 1999）。这种结果的不一致可能是由于使用风险决策的任务不同、睡眠剥夺的时长不同、睡眠环境的设置不同、考虑到的混淆变量不相同等原因造成，如在之前的研究结果中发现，冲动性与大五人格的五个维度之间均显著相关（Mao et al., 2018）。另一个可能的原因是不同风险类型下的决策偏好不同。例如，Mckenna 等（2007）使用彩票选择任务研究了一晚睡眠剥夺对已知风险和模糊风险决策的影响。结果表明，对于已知风险，被试在考虑收益时愿意承担比平时更多的风险，但在考虑睡眠剥夺后的损失时愿意承担的风险要比平时少。而对于模糊偏好，睡眠剥夺似乎对涉及不确定性的决策没有直接影响。另外，睡眠剥夺对风险决策的影响可能存在一定的个体差异。因此，睡眠剥夺对风险决策的影响结果还没有一致，未来还需要进一步的研究来探究睡眠缺失对风险决策的影响。

1.3 睡眠限制

打乱生活质量的原因有很多，一个重要但容易被忽略的原因是睡眠不足。不同个体对睡眠的需求有很大差异。一般来说，平均每人每天的睡眠时间在 7~8.5 小时（Kronholm et al.，2006）。常见的睡眠缺失包括三种形式：完全睡眠剥夺（Total Sleep Deprivation，TSD）、部分睡眠剥夺（Partial Sleep Deprivation，PSD）也称睡眠限制（Sleep Restriction）和睡眠崩解（Goel et al.，2009a）。睡眠崩解指的是睡眠片段或者睡眠中断，通常发生在睡眠障碍中，如睡眠呼吸暂停。而完全睡眠剥夺和部分睡眠剥夺则在健康人群和临床患者中会出现。完全睡眠剥夺指的是在一段时间内完全消除睡眠，一直处于清醒状态，完全睡眠剥夺对个体的影响最大（Alhola & Polo-Kantola，2007）。有些职业，如医疗、安全和交通，需要在晚上工作。在这些领域，急性的完全睡眠剥夺对个体任务表现的影响至关重要。部分睡眠剥夺即睡眠限制，指个体的实际睡眠时间低于个体通常的睡眠时间或者低于个体保持最优认知表现所需要的睡眠时间。由于受到社会责任感、工作需求、生活方式和生理疾病等多种因素的影响。因此，睡眠限制可能是日常生活中最常见的一种睡眠缺失形式（Banks & Dinges，2007）。在当今社会，随着生活节奏的日益加快，我国睡眠限制的发生率明显增高。

在完全睡眠剥夺实验中，一般需要参与者持续保持清醒，一般为 24~72 小时。在部分睡眠剥夺实验中，参与者需要连续数晚被限制睡眠时间。虽然部分睡眠剥夺在正常人群中更为常见，可以更准确地描述现实生活中的情况，但目前来看，相比睡眠限制，完全睡眠剥夺已经得到了更为深入的研究。由于受到社会责任感、工作需求、生活方式和生理疾病等多种因素的影响，因此睡眠限制可能是日常生活中最常见的一种睡眠缺失形式（Banks & Dinges，2007）。而随着生活节奏的日益加快，我国睡眠限制的发生率明显增高。越来越多的证据表明，体重增加、肥胖、糖尿病、高血压以及死亡率上升等与习惯性睡眠不足或昼夜节律失调有关（Arble et al.，2009；Goel et al.，2009a；Cappuccio et al.，2010；Chao et al.，2011；Kobayashi et al.，2012；Wang et al.，2012）。

1.3.1 睡眠限制对警觉性和注意力的影响

警觉性是指人在完成任务时保持注意力或警惕程度的水平。下丘脑视交叉上核（Supra Chiasmatic Nucleus，SCN）会参与启动生命的代谢、生化及物理过程。在早上醒来之前，下丘脑视交叉上核会激活皮质醇的大量分泌，同时启动其他影响觉醒过程的重要环节。一般来说，当个体在早上受到日光照射后，机体的核心体温、警觉性水平以及其他认知水平都会得到一定的提高，同时也会激发大脑产生更多的5-羟色胺，提高个体的情绪和活动力。而到了夜间之后，SCN则会抑制皮质醇的分泌，促使松果体分泌褪黑素，导致个体的警觉性水平及其他认知水平下降，同时也会降低个体的核心体温（董栩然等，2014）。注意和警觉性作为最基本的认知能力，是高级认知的基础，也是最容易受睡眠缺失影响的认知能力（Durmer & Dinges，2005）。由于睡眠压力的增加，注意力任务的表现随着清醒时间的增加而逐渐变差（Borbely，1982；Van Dongen et al.，2003；Belenky et al.，2003；Goel et al.，2013）。随着注意力的持续、丢失、重新建立、再次丢失，注意力的维持变得相当多变和不稳定，从而导致不稳定的任务表现（Durmer et al.，2005）。同时，日间节律警觉性信号与睡眠剥夺发生了交互作用，使注意力水平随着清醒时间的增加而呈指数级的下降（Borbely，1982；Goel et al.，2013）。完全睡眠剥夺或慢性睡眠限制后，产生的累积增加的清醒时间均可以预示着注意走神。被试在连续5天或者更长时间的睡眠时间少于7小时的情况下，第二天白天测得的PVT结果呈现出了一种睡眠限制带来的累积效应（Belenky et al.，2003；Van Dongen et al.，2003；Banks et al.，2010），尤其是平均反应速度降低（Belenky et al.，2003）、失误率升高（Van Dongen et al.，2003；Banks et al.，2010）。

研究发现，在睡眠剥夺后，个体执行注意任务时，背外侧前额叶（DLPFC）和顶内沟信号均有所减弱（Drummond et al.，1999；Thomas et al.，2000；Chee et al.，2008；Tomasi et al.，2009；Chee et al.，2011；Chee & Tan，2010a；Chee et al.，2010b；Czisch et al.，2012）。实际上，睡眠缺失不仅减少了与任务相关的额叶和顶叶的脑区活动，也减少了进行视觉空间任务时外纹状视觉皮层的活动和连接（Chee & Tan，2010；Chee et al.，2010；Chee et al.，2011）。这些神经变化的行为结果是：忽略干扰因素的同时专注特定刺激能力的缺失（Chee et al.，2010；Chee et al.，2010；Kong et al.，2012），或注意资源自上而下分配的缺陷（Mander et al.，2008；Chee et al.，2011）。睡眠缺失除了损害注意力在特定时刻的聚焦，还会随着时间的变化损害注意力维持的时间（Durmer et al.，2005）。同时，DLPFC 和顶内沟活动的减少会导致注意力表现的失败（Chee et al.，2010；Chee et al.，2008；Czisch et al.，2012；Drummond et al.，1999；Thomas et al.，2000；Muto et al.，2016）。

此外，在持续性注意任务期间，睡眠剥夺导致丘脑活动的改变表明，丘脑可能是睡眠剥夺影响网络中的一个交互节点。然而，丘脑内部活动的变化并不均匀。一些研究发现睡眠缺失条件下丘脑的活动较大（Chee et al.，2010；Tomasi et al.，2009；Chee & Choo，2004；Choo et al.，2005；Habeck et al.，2004；Portas et al.，1998），另一些研究发现丘脑活动的间歇减弱（Chee et al.，2008；Chee et al.，2010）。这些差异可以在任务情景和丘脑活动提供的皮层觉醒的情景下理解。在睡眠不足的情况下，当丘脑活动增多时，注意力的表现通常会得到维持；当丘脑活动大幅减少时，注意力则出现缺失（Thomas et al.，2000；Durmer et al.，2005；Chee et al.，2008；Chee et al.，2010）。因此，丘脑代表了一个关键的门控枢纽，在完全睡眠剥夺条件下，脑干上行唤醒信号的改变会影响皮质注意网络。因此，现存的数据支持这样一种模型：觉醒信号提升的不稳定性导致了在 SD 期间出现的典型注意力缺失，以及这些失误随着时间推移的反复无常、不可预测的表现（Doran et al.，2001；Durmer et al.，2005）（见图 1-2）。值得注意的是，在良好休息的条件下，走神时并不伴随丘脑活动的减少（Chee et al.，2008），这表明在完全睡眠剥夺后，增加的稳态睡眠压力可能会有一个独特的作用。

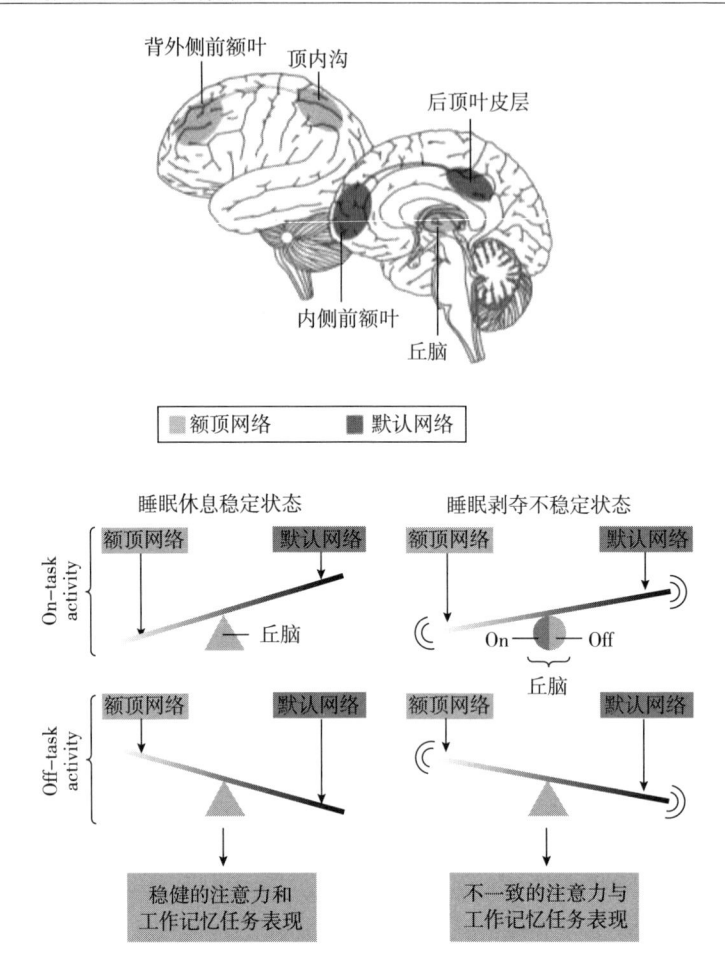

图 1-2　睡眠缺失、注意力和工作记忆

资料来源：Krause 等（2017）。

1.3.2　睡眠限制对困意和情绪的影响

很多研究表明睡眠限制会损害个体的客观警觉性，但主观困意与客观警觉性之间的关系似乎并不总是一致的。Van Dongen 等（2003）发现，当限制的睡眠时间少于 6 小时，并且连续几天都有睡眠限制时，个体在客观上的认知功能已经显示显著受损，但其困倦水平仍保持平衡状态。因此说明，个体感知到的困意水平和客观测量得到的困倦及工作绩效不相匹配，个体无法准确报告困意水平。良好的睡眠不仅对身体健康和认知能力至关重要，而且对情感功能也有至关重要的作用（Goldstein & Walker，2014）。睡眠限制还会影响个体的情绪状态。研究发现，睡眠限制会影响情绪（Dinges et al.，1997）和社交能力（Haack & Mullington，2005），并且可以加剧心理疾病的症状，包括肌肉疼痛、恶心、头痛和全身疼痛（Haack et al.，2005）。因此，从长远来看，睡眠限制会降低个体的主观幸福感。

1.3.3 睡眠限制对风险决策的影响

很多研究已经表明睡眠不足会对认知、生理和心理过程产生有害影响。近些年有研究开始关注睡眠缺失对冒险行为的影响（Womack，2012）。在这一领域进行的为数不多的研究中发现，当一个人变得更瞌睡时，从事冒险行为的倾向就会增加。目前的研究证明，睡眠缺失的增加与物质滥用（Substance Use）和性强迫性（Sexual Compulsivity）显著正相关，但是在睡眠缺失与一般的风险决策行为之间没有显著相关性。有些证据证明了爱荷华博弈任务的时间稳定性，但是IGT的得分与风险决策的其他测量指标及睡眠缺失的指标之间均没有显著相关性。

尽管许多研究人员关注的是睡眠剥夺对风险决策的影响，但结果并不一致。大多数研究人员已经发现，在睡眠剥夺或睡眠限制后，风险水平显著增加（Killgore et al.，2011；Bayard et al.，2013；Rossa et al.，2014）。在之前的一项研究中，研究人员比较了休息基线与睡眠剥夺之间IGT的冒险程度。结果显示，在被剥夺睡眠49.5小时后，个体会比平时更愿意冒险，倾向于选择损失更多的牌（Killgore et al.，2006）。这可以解释为在睡眠剥夺后，个体对利益或奖励的敏感度提高了，而他们对风险的敏感度降低了。也就是说，睡眠剥夺可能会导致个体主观感知风险的降低，从而导致在风险决策中寻求风险的倾向（Harrison & Horne，1998；Banks et al.，2004；Mullette-Gillman et al.，2015；李爱梅等，2016）。然而，一些研究人员发现，睡眠不足并不会显著影响一个人的冒险决策水平。研究结果表明，睡眠限制只会对冲动行为产生负面影响，而不会影响冲动决策任务（Demos et al.，2016）。此外，其他一些研究发现，睡眠剥夺后，个人的风险水平似乎更低（Raghunathan & Pham，1999）。因此，还需要进一步的研究来探究睡眠缺失对风险决策的影响。此外，睡眠不足除了影响冒险决策外，还会对个体的冒险行为造成危害（Daly et al., 2015; Liu et al., 2015; Patterson et al., 2017）。一项综述研究整理了关于睡眠损失与冒险行为（Risk-taking Behavior, RTB）之间关系的经验文献，发现睡眠损失与冒险行为呈正相关，睡眠缺失的变化与冒险行为的变化有因果关系（Womack et al., 2013）。目前，大多数关于睡眠不足与冒险之间关系的研究都支持这样一种假设，即睡眠不足增加了冒险的许多方面，包括注意力和判断力的简单损伤、更愿意接受风险，以及关注短期而非长期后果的倾向。尽管如此，它也可能减少个人对冒险行为的投入（Killgore, 2015）。此外，风险决策行为测量的类型和一般风险决策行为与特定风险决策行为之间的关系可能存在调节因素（Womack et al., 2013）。

除了行为研究，越来越多的学者开始探索睡眠不足影响风险决策的神经机制。很多研究者认为决策行为过于复杂，需要掌握不确定环境因素的逻辑、判断、演绎推理和发散思维等趋同思维（Harrison & Home, 2000）。因此，它对睡眠剥夺的影响不敏感（Corcoran, 1963; Horne & Pettitt, 1985）。因此，许多学者开始研究睡眠剥夺对冒险决策的神经机制的影响，认为这种影响在神经水平上比在行为水平上更为敏感。例如，Venkatraman 等（2007）采用一项较复杂的赌博任务，探讨了睡眠剥夺对风险决策大脑活动的影响，任务中被试可以通过改变下注的大小来选择增加盈利概率或减少损失概率。结果发现，睡眠剥夺与伏隔核在做冒险决定时的激活增加有关，而在睡眠剥夺后，前岛叶和眶额皮质的激活减少。然而，研究没有发现睡眠剥夺后参与者的风险决策行为有显著变化。Venkatraman 等（2011）在后续研究中发现，睡眠剥夺改变了大多数人的风险偏好，表现为从风险规避转向风险寻求。影像结果发现，睡眠剥夺增强了腹内侧前额叶（Ventromedial Prefrontal Cortex, vmPFC）区域在风险决策过程的激活，在决策结果阶段，相较于损失，vmPFC 的激活在受益时激活更为强烈；在损失条件下，脑岛和背内侧前额叶的激活受睡眠剥夺影响有所减弱；前脑岛在损失条件下的减弱与腹内侧前额叶在受益条件下的增强呈正相关。与此同时，被试在睡眠剥夺后，选择损失项的变化与腹内侧前额叶区域的激活变化呈负相关，与前脑岛区域的被激活变化值呈正相关。Gujar 等（2011）证明睡眠剥夺会增强大脑奖赏网络对奖赏刺激的活动性以及对正面情绪的加工。另一项研究发现，睡眠剥夺会暂时改变大脑特别是前额皮质的功能，而前额皮质作为参与调节和调节行为的区域，其中一些变化可能会影响认知过程，增加冒险行为的倾向（Killgore，2015）。Rao 等（2008）检查了大脑中自主冒险和非自主冒险的神经关联。结果显示，主动选择任务中的自愿性风险与中脑前额叶区域（包括中脑、腹侧纹状体和背侧纹状体、前脑岛、背侧前额叶皮层、前扣带/内侧额叶皮层以及视觉通路区域）的强烈激活有关；然而，在被动的非自愿任务中，没有观察到这些激活模式。从这些研究中，我们可以初步推断睡眠剥夺在一定程度上改变了个体风险决策的行为偏好，并且影响了相应的大脑神经机制，包括对风险的加工以及对结果的预期等。但目前有关睡眠剥夺对风险决策神经机制的研究较少，还有许多问题值得进一步探讨。

在关于睡眠剥夺的 PSG 研究中，有少量研究者发现，睡眠剥夺之后个体次夜睡眠期间睡眠结构与脑电波活动模式发生了显著改变。如有研究发现，睡眠剥夺条件下，N1 期、N2 期、REM 期睡眠占比减少，N3 期睡眠占比增加，睡眠效率增加，同时脑电图 EEG 的慢波（尤其是 delta 波）的频谱功率密度增加（Carskadon et al.，1981；Randazzo et al.，1998；Kopasz et al.，2010；Voderholzer et al.，2011）。但也有少部分研究发现，慢波睡眠并没有受到显著影响（Brunner et al.，1996）。总体来看，睡眠结构和睡眠 EEG 会随着部分睡眠剥夺的变化发生一定的变化，但睡眠结构和睡眠 EEG 的改变是不是睡眠剥夺对警觉性注意和风险决策产生影响的中间变量，目前尚不清晰且较少有人探究。因此，综合来看，睡眠剥夺对风险决策神经机制的影响更为敏感，睡眠剥夺可能会通过影响前额皮质、纹状体、伏隔核等大脑活动来影响风险决策，总体来说，目前神经机制的相关研究还较少。此外，在睡眠不足时，睡眠结构（如 N1 期、N2 期、N3 期、REM 期、潜伏期占比等）会发生显著变化，这些变化很有可能导致风险偏好水平的变化，但目前也鲜少有睡眠剥夺对风险决策影响的 PSG 研究，还有许多问题仍值得进一步探讨。

1.3.4 睡眠剥夺影响的脑功能机制

工作记忆与注意系统的神经基础在解剖结构上有很大部分的重叠，多数研究发现工作记忆也受到睡眠剥夺的影响。认为在工作记忆和注意任务上的缺陷与背外侧前额叶 DLPFC 和后顶叶（posterior parietal）的活动有关（Chee & Choo, 2004；Habeck et al., 2004；Choo et al., 2005；Chee & Chuah, 2007；Lythe, Williams, Anderson, Libri & Mehta；2012）。研究证实，在睡眠剥夺条件下，注意任务期间丘脑活动的波动和不恰当的 DMN 活动在工作记忆期间也同样存在。除此之外，任务期间 DMN 活动的异常程度可以预测睡眠剥夺的个体工作记忆的受损程度（Chee & Choo, 2004；Choo et al., 2005；Chee & Chuah, 2007）。因此，睡眠剥夺对注意和工作记忆影响的一个共同机制可能是，对任务期间和任务结束后脑网络活动存在不恰当的控制。在睡眠剥夺条件下，丘脑活动和连接的改变预测着工作记忆的受损。这种影响和注意任务一样可能都是因为丘脑在皮层唤醒中的重要作用。例如，睡眠缺失条件下海马、丘脑和 DMN 连接的增加可以预测较高的主观睡意和较差的工作记忆表现（Lythe et al., 2012；Chengyang et al., 2016）。相反，相对正常睡眠——休息状态，睡眠剥夺条件下海马和楔前叶连接的增加可以预测工作记忆功能的更好的恢复。即睡眠剥夺条件下，大脑表现出一种神经活动的补偿效应，可以在一定程度上恢复某些受损行为的表现水平（Lythe et al., 2012；Lei et al., 2015；Krause et al., 2017）。除了额顶区活动的减少，睡眠剥夺条件下在执行视觉工作记忆任务时，也表现出了外纹视觉皮层区域活动的减少（Habeck et al., 2004；Chee et al., 2005；Chee et al., 2007）。研究发现，通过对睡眠不足的人使用经颅磁刺激（Transcranial Magnetic Stimulation, TMS），改善了视觉工作记忆的表现，使其恢复到基线水平，说明与任务相关的区域激活的减少与任务水平的受损有因果关系（Luber et al., 2008；Luber et al., 2013）。

1.3.5 睡眠限制对睡眠结构的影响

关于睡眠限制影响睡眠结构的研究相对较少，一项早期的研究发现，在 11~13 岁的青少年中，一晚 4 小时的睡眠限制会导致第 1~3 阶段和 REM 睡眠的减少，但会维持第 4 阶段慢波睡眠的睡眠时间。与对成人的研究相比，总睡眠时间（Total Sleep Time, TST）、N1 和睡眠潜伏期（Sleep Latency, SL）在 10 小时的恢复睡眠后也没能恢复到基线水平（Carskadon et al., 1981）。随后有研究者对 10~16 岁青少年睡眠限制 1 晚或限制 5 晚的研究也得出了类似的结果（Randazzo et al., 1998；Kopasz et al., 2010；Voderholzer et al., 2011）。总的来说，睡眠限制与睡眠潜伏期的减少、N1 期和 N2 睡眠的减少、慢波睡眠（Slow Wave Sleep，SWS）百分比的增加、REM 睡眠百分比的减少以及低频范围内脑电图频谱功率的增加有关（Ong et al., 2016）。而关于认知变化和睡眠结构变化的关系研究中发现，REM 期睡眠所占比率越低，N1 期睡眠占比越高，老年人的执行功能和注意力表现越差（Blackwell et al., 2011）。

脑电图中的振荡活动被认为是丘脑皮质系统的一种突发性特征，这些振荡的特定模式和主导频率取决于大脑的功能状态。其特征是出现不同的振荡事件，如 delta 波、睡眠纺锤波和 alpha 波等（Olbrich et al., 2014）。有研究发现，大脑的电活动不仅反映了当前的觉醒水平、正在进行的行为或对特定任务的参与程度，而且还受到某种类型的活动，以及之前睡眠时长和清醒时长的影响（Vyazovskiy et al., 2011）。其中，非快速眼动期的 delta 波（0.5~4.5Hz）的频谱功率也就是慢波活动（Slow Wave Activity，SWA）被认为是睡眠内环境稳定的标志（Borbely，1982；Borbély & Achermann，1999），表现在长期清醒后的睡眠中 delta 波功率密度升高，而在巩固睡眠之后降低。而关于认知变化和睡眠 EEG 变化的关系研究中发现，失眠症患者的慢波水平越低，任务表现越差；但这一关系在正常健康人群中则不存在（Crenshaw & Edinger，1999）。另外，也有研究发现，纺锤波的振幅越高，青少年的流体智力越好（Bodizs et al., 2014），睡眠限制后减少的纺锤波可能和个体认知水平的下降有关（Reynolds et al., 2018）。

1.3.6 小结

长期限制睡眠时长的情况下，健康成年人的注意力、工作记忆和认知吞吐量（Cognitive Throught）等基本认知能力的功能都受到显著损害（Belenky et al., 2003；Van Dongen et al., 2003；Banks et al., 2010）。例如，在一项经典研究中，Carskadon 和 Dement（1981）让被试连续 7 天每晚只睡 5 小时，结果发现，多次小睡潜伏期试验（MSLT）的分数在第二晚睡眠限制之后显著下降，并且呈持续下降趋势。因此，从这些研究可以推断，当睡眠时间限制在 7 小时或小于 7 小时，会提高健康的成年人的困意，并且损害其认知水平，且这种影响随着限制时间的增加有一定的累积效应。除了对个体的基本认知和情绪有一定的负性影响外，睡眠限制对高级认知抑制控制和风险决策也有一定的影响。然而这种影响的结果似乎不太一致，有研究发现睡眠限制后，风险决策没有显著变化，而还有研究发现风险决策显著提高。睡眠限制也与睡眠潜伏期的减少、N1期和N2期睡眠的减少、慢波睡眠百分比的增加、REM睡眠百分比的减少以及低频范围内脑电图频谱功率的增加有关。

综上所述，尽管睡眠限制对对持续清醒期间的警觉和觉醒的损害已被反复证明，然而睡眠限制期对高级认知功能的影响（如抑制控制和风险决策）的结果似乎不太一致。很多工作场所的认知需求往往需要做出复杂的决策，做出反应，并适应新的情况。因此，有必要评估除了警觉性、情绪和工作记忆之外，睡眠限制引起的更为复杂的任务的影响。此外，睡眠还与学业表现（Phillips et al.，2017）和儿童的社会功能（Foley & Weinraub，2017）等有关。此外，睡眠缺失会加剧心理疾病的症状，包括肌肉疼痛、恶心、头痛和全身疼痛等（Haack et al.，2005）。越来越多的证据表明，习惯性长期睡眠不足或完全睡眠剥夺还与个体体重的增加、肥胖、2型糖尿病、高血压以及死亡率上升等状况有关（Arble et al.，2009；Cappuccio et al.，2010；Chao et al.，2011；Kobayashi et al.，2012；Wang et al.，2012；Schmid et al.，2015；Broussard et al.，2016）。

1.4 睡眠不足的对抗措施研究

睡眠不足是一个全球性的公共健康问题，它会导致灾难性的事故、死亡率上升以及数以万计的生产力的损失（Whitney et al.，2017），个体的注意力、工作记忆和认知吞吐量等基本认知能力的功能都受到显著损害（Belenky et al.，2003；Van Dongen et al.，2003；Banks et al.，2010）。随着现代科技的发展，人类生活节奏的加快，睡眠限制问题在现代人群中越来越普遍。除此之外，还有很多的职业群体（如轮班工人、长途卡车司机、应急人员等）必须在连续几天内保持最佳的认知和身体表现，而这种情况通常发生在白天睡眠不足的情况下。因此，非常有必要采取相应的策略来帮助减轻认知功能的损害，以帮助维持工作场所的安全和生产力。

尽管睡眠剥夺（尤其是慢性长期的睡眠限制）对机体造成的负面影响范围极广，但往往得不到人们足够的重视。现实生活中，很多人都认为机体可以适应这种睡眠缺失从而消除它的负面影响，然而实际情况并非如此。有前人研究发现在生理夜晚持续的清醒会产生由于睡眠不足而导致的工作绩效下降的累积效应（Cohen，2010），主观困意和客观警觉性注意水平不一致的结果可能正好预示了个体对睡眠剥夺带来的不足的忽视作用。因此，近年来研究者开始探究和寻求一些有效对抗睡眠剥夺负性影响的非药物治疗措施，主要包括咖啡因对抗、日间小睡对抗、睡眠恢复对抗、节律对抗和光照对抗等方式。

1.4.1 咖啡因对抗

咖啡因是世界上使用最广泛的精神活性物质（Barone & Roberts，1996）。当我们饮用咖啡时，咖啡因被吸收并分布在全身（包括大脑）并发挥其作为 A1 和 A2A 腺苷受体的非特异性抑制剂的影响（Carvey et al.，2012）。咖啡因对困倦的人有显著的唤醒作用，对睡眠不足期间的警觉、觉醒和情绪有显著的积极作用（Kamimori et al.，2000，2005；Lieberman et al.，2002）。有研究发现，600 毫克剂量的咖啡因，在改善认知功能和恢复长时间清醒期间的睡眠损失方面，与莫达非尼和安非他命（苯丙胺）等处方药一样有效（Wesensten et al.，2002，2004，2005）。也有研究发现，在连续一夜清醒的状态下，每天摄入 800 毫克咖啡因可以在白天没有最佳睡眠时间的情况下维持认知功能（Kamimori et al.，2015）。尽管咖啡因对持续清醒期间的警觉和觉醒的积极作用已被反复证明（Bonnet et al.，1995；Lieberman et al.，2002；Kamimori et al.，2005；McLellan et al.，2005a，b），但在睡眠剥夺期间，咖啡因对高级认知功能的影响（如工作记忆）还没有一致的结论（Wesensten et al.，2005）。

1.4.2 日间小睡对抗

长期以来，日间小睡一直被认为是应对睡眠剥夺负性影响的一种潜在对策。例如，有研究表明，在限制睡眠后，短短10分钟的午睡就可能使人的警觉性和表现恢复到充分休息的水平（Tietzel & Lack，2001，2002；Brooks & Lack，

2006）。也有研究发现，经过一晚的睡眠限制（一般总卧床时间为 4~5 小时）后，小睡后 1~2 小时（Horne & Reyner, 1996; Takahashi & Arito, 2000; Tietzel et al., 2001, 2002; Brooks et al., 2006），自我评定的困倦程度有所改善，甚至有研究发现，这种改善会持续 4 小时。午睡时间至少为 30 分钟的被试，在午睡后 1~2 小时的脑电图中，睡眠起始潜伏期也会增加（Tietzel et al., 2001, 2002; Brooks et al., 2006），嗜睡的生理指标也会降低（Gillberg et al., 1996; Horne et al., 1996）。因此，在连续几天睡眠受限的情况下日间小睡，可能会缓解与慢性睡眠缺失相关的困倦积累。但是，最近一项针对连续 5 晚 5 小时睡眠时间的青少年的研究表明，在限制期间，1 小时的午睡时间能够减缓表现下降，但并不能将表现恢复到基线水平（Lo et al., 2016）。另一项研究中，在 2 个基线晚（10 小时的卧床时间）之后，紧接着有 7 晚的睡眠限制（5 小时的卧床时间）。其中，不午睡条件 10 人，午睡条件（每天下午 1 点开始午睡，时间为 45 分钟）9 人。结果发现，午睡减缓睡意的作用逐渐衰减，最长可达到 6~8 小时，且并没有延续到深夜。主观困倦表现出类似的短暂改善，这种改善在白天晚些时候出现，当时客观困倦已经恢复到午睡前的水平。在随后的限制睡眠之后的第二天早上，主客观睡意均没有显著改善（Saletin et al., 2017）。这些研究表明，日间小睡，至少在短期睡眠限制内，能够起到对抗警觉性下降的作用。然而，在长期睡眠不足的情况下，日间小睡的对抗作用尚不清楚。在将日间小睡作为慢性睡眠缺失的常规对策之前，需要慎重考虑（Saletin et al., 2017）。

1.4.3 睡眠恢复对抗

有研究发现，睡眠恢复可以在一定程度上缓解长期慢性睡眠剥夺带来的对认知功能和情绪状态的损害作用（Banks et al., 2010）。也有研究发现，经过 4 天的睡眠限制（每晚睡 4.5 小时）之后，两晚的恢复性睡眠（平均每晚睡眠接近 10 小时）足以改善胰岛素敏感性，并将糖尿病风险水平恢复到正常睡眠后观察到的水平，即补觉可以逆转短期睡眠不足对新陈代谢的负面影响（Broussard, Wroblewski et al., 2016）。然而更多研究表明，虽然睡眠恢复在一定程度上可以改善睡眠限制带来的负面影响，但并不能完全将其消除。例如，一项研究探讨了在连续 5 天睡眠限制（每晚 4 小时）后，7 天睡眠恢复（每晚 8 小时）对白细胞亚群计数和昼夜节律的影响的研究发现，长期的睡眠限制导致白细胞循环亚群的逐渐增加和各自昼夜节律的改变。虽然 5 天限制睡眠造成的一些影响在睡眠恢复的第一天就恢复了，但一些参数即使在恢复 7 天后也没有达到基线（Lasselin et al.，2015）。Ong 等（2016）发现，尽管在多晚睡眠受限的情况下，慢波睡眠持续时间得以维持，但 3 晚恢复睡眠后，慢波睡眠对睡眠宏观结构仍有残留影响。年龄较大的青少年可能不像人们普遍认为的那样能适应连续几个晚上的睡眠限制（Ong et al.，2016）。连续 7 个晚上睡眠时间限制在 3~7 小时或连续 5 个晚上睡眠时间限制在 4 小时后，3 个晚上 8 小时的睡眠恢复也无法将认知水平恢复到基线水平（Belenky et al.，2003；Axelsson et al.，2008）。另外，也有研究发现在生理夜晚持续的清醒会产生由于睡眠不足而导致的工作绩效下降的累积效应（Cohen，2010）。Agostini 等（2016）发现，经过 5 天的睡眠限制后，周末补觉（周末晚上增长睡眠时间）不足以将个体的绩效恢复到基线水平。主客观不一致的结果可能正好预示了个体对睡眠限制带来的不足的忽视作用。因此，睡眠限制产生的负性累积效应是客观存在的，只是由于机体有限的适应能力使得个体主观感受不到这些由于睡眠限制带来的危险性（刘艳和胡卫平，2014）。

1.4.4 节律对抗

1.4.4.1 昼夜节律

节律性是所有生物体的基本特性之一。周期性的变化，如地球自转引起的昼夜交替，支配着所有生物的功能。昼夜节律（Circadian Rhythm）一词来源于拉丁语"circa""diem"，是"关于""一天"的意思。昼夜节律是指生物体各种生理机能为适应外界环境的昼夜变化而建立起的规律周期。它存在于所有的代谢、生理和认知活动中，使生物体能够预测周期性的环境变化，从而确保最佳的功能（Lavoie et al.，2003；Berson，2003；Hatori & Panda，2010；Bromundt et al.，2011）。即使当生物体与外界信息隔绝时，昼夜节律也会持续存在。昼夜节律是由相对于参考时间的周期（大约 24 小时）、振幅和相位来定义的。昼夜节律几乎可以用每一个生理变量来衡量，其中最显著的例子是核心体温节律、不同的激素节律，如褪黑激素和皮质醇，以及睡眠——觉醒节律。24 小时的光/暗周期

（LD）起着"授时因子"的作用，调节昼夜节律（昼夜节律并不完全是 24 小时）以适应地球的 24 小时自转（Golombek & Rosenstein，2010；Roenneberg et al.，2013；Gabel，2015）。在长期生物进化过程中，生物体内发育分化出一个特殊的"器官"——生物钟来协调不同组织与器官的昼夜节律。哺乳类动物调控昼夜节律的中枢位于下丘脑的 SCN。内源性的调节中枢由光照进行调控。昼夜节律的光协同过程使得生物体的昼夜节律与自然节律同步，并不断调整生理周期及行为表现。黑暗触发松果体释放褪黑激素。这种激素的浓度在晚上 23:00 左右达到峰值，导致器官活动放缓。睡眠开始后约 3 小时，皮质醇浓度开始上升，并在早上 09:00 左右达到峰值。白天皮质醇水平逐渐下降，在午夜左右达到最低点。因此，光线的转换，尤其是从黑暗到光明的转换，似乎是皮质醇浓度昼夜节律的一个重要因素（Annane，2016）。

1.4.4.2 睡眠调节的双过程模型

在过去的几十年，睡眠调节的双过程模型已经成为广泛应用于睡眠研究的一个主要概念框架，同时可以用来解释个体的睡眠结构的差异（Dijk & von Schantz，2005）。双过程模型包括节律过程（Circadian Process，C 过程）和内稳态睡眠驱动过程（Homeostatic Process，S 过程）。S 过程试图平衡醒着和睡着的时间。它可以被理解为在清醒状态下睡眠时体内平衡压力的累积，以及在睡眠状态下这种压力的消散。C 过程由大脑下丘脑视交叉上核的生物钟驱动。这个内部时钟记录每天的时间（昼夜节律指的是接近 24 小时的周期）。研究发现，在因视交叉上核损伤而出现心律失常的动物中，睡眠稳态未被破坏（Tobler et al.，1983；Trachsel et al.，1992），这表明这两个过程是单独被调控的，模型中的 S 过程不影响昼夜节律钟的功能，睡眠稳态过程也不会随昼夜节律期的变化而变化。在人类中，强迫去同步协议（一种强加的睡眠觉醒周期，超出了昼夜节律起搏器的控制范围）导致睡眠发生在不同的昼夜节律阶段。这可以将睡眠唤醒周期与昼夜节律分离开来，从而分别评估它们对睡眠和任务表现变量的独立影响（Dijk & Czeisler，1995；Wyatt et al.，1999）。

在白天，体内平衡和昼夜节律过程的作用是相反的，以保持大脑清醒（Dijk & Czeisler，1994）。在刚从睡眠阶段醒来的早晨，睡眠的体内平衡压力并不大，而且相对来说，觉醒的昼夜节律补偿压力也很小。随着时间的推移，睡眠的内稳态压力会增加，同时，觉醒的昼夜节律压力也会增加。其净效应是全天稳定的清醒压力，对健康的人来说，这种压力会导致清醒时间的巩固。在夜间，体内平衡和昼夜节律过程协同作用，促进睡眠（Dijk & Czeisler，1994）。在入睡前，昼夜节律的觉醒压力逐渐消退，而睡眠的内稳态压力则继续累积。因此，睡眠压力明显增加，在适当的情况下（如仰卧），睡眠状态就开始了。在睡眠中，睡眠的内稳态压力会消散。觉醒的昼夜节律压力也会进一步降低。因此，整个晚上几乎没有觉醒的压力，对健康的人来说会产生一个稳定的睡眠时间。早晨，觉醒的昼夜节律压力再次逐渐上升，并超过了睡眠时基本消散的稳态压力。因此，自发的觉醒发生了，这个循环又开始了，体内平衡和昼夜节律过程起着相反的作用，促进觉醒。这些睡眠稳态和昼夜节律神经生物学的相互作用已被广泛研究（Borbely，1999；Mallis et al.，2004）。考虑到人类是一个白天活动的物种，昼夜节律过程寻求在白天保持清醒，在晚上保持睡眠。昼夜节律过程可以被想象为清醒状态提供压力（Edgar，Dement & Fuller，1993；Easton et al.，2004），这种压力在傍晚时最强，在清晨时最弱。睡眠稳态过程和昼夜节律过程在神经生物学上相互作用。

1.4.4.3 节律的对抗

节律的对抗主要表现在不同时间点测量的认知任务之间的差异上。内稳态过程 S 过程可以被理解为在清醒状态下睡眠压力逐渐增大，在睡眠状态下睡眠压力逐渐减小；而昼夜节律过程 C 过程是为清醒状态提供压力，在晚上时最强，凌晨时最弱。这两个过程被认为对清醒时的认知表现有共同的影响，可以通过从清醒时的昼夜节律压力减去睡眠时的稳态压力来近似（Achermann & Borbely，1994；Van Dongen & Dinges，2005），睡眠净压力决定了认知功能损害的程度。有研究发现尽管长时间处于清醒状态，但记录到的下午晚些时候的简单反应时间仍然比早上好（Van Dongen & Dinges，2003）。在另一个完全睡眠剥夺实验中，研究者也发现，对于简单反应时任务来说，18：00 的反应时要比 6：00 和 14：00 要快（Bourgard et al.，2016）。Bourgard 等（2016）同时发现，相比较正常睡眠来说，在 10：00 测得的 Go/no go 任务的反应时要比完全睡眠剥夺后测得的反应时更快，但是在6:00、14:00和18:00测得的反应时之间则没有显著差异。而在漏报数和虚报数这两个指标上均没有出现显著差异（Bougard et al.，2016）。这些现象均可以用睡眠调节模型的内稳态过程和节律过程的相互作用来解释。

1.4.5 光照对抗

我们一般指的光是肉眼可见的光。可见光的性质包括强度、传播方向、频率或波长谱和极化，其在真空中的速度（c）为299792458米/秒，是自然界的基本常数之一（Michelson，1924；MacKay & Oldford，2000）。可见光包括波长在380~760nm的电磁辐射，介于红外线和和紫外线之间（Sliney et al.，1976）。光的测量方式主要有三种：①光通量（Luminous Flux），指的是光源发出的可见光的总量，单位为流明（lumen，lm），它反映了人眼对不同波长的光的敏感度的变化。单位面积的光通量为照度，单位是勒克斯（lux，I）。②辐射通量或功率（Radiant Flux or Power），指的是发射的所有电磁波的总功率，不依赖于眼睛的感知能力。辐射通量的单位是瓦特（Watts，W）。③光强（Light Intensity），指光源在特定方向发出并且由光度函数加权的功率，它的单位是坎德拉（candela，cd）（Born & Wolf，1970）。

光源发出的颜色是用开尔文（Kelvin，K）度来测量的。开尔文色温的定义由来是一个被加热的黑色物体，在某一时刻，物体会变得足够热，物体表面开始发光。当热辐射是由黑体散热器发出时，光的色温是表面的实际温度。只有白炽灯才能满足这一色温要求的定义。其他没有热辐射（如荧光灯、LED等）的光源具有的色温称为"相关色彩温度"（Correlated Colour Temperature，CCT）。超过5000 K的色温称为冷色（蓝白色），而较低色温（3000 K）称为暖色（从黄白色到红色）（Gabel，2015）。

1.4.5.1 光的视觉作用

眼睛。眼睛通过处理物体反射或发射的光，使我们能够看到和解释世界上物体的形状、颜色和尺寸。眼睛能探测到强光或弱光，但在没有光的情况下，它却感觉不到物体。来自物体的光波被眼睛感知，首先通过角膜进入，然后通过瞳孔进入。随着光强的不同，瞳孔的大小也会发生变化。强光时，瞳孔收缩或变小；

弱光时，瞳孔扩张或变大。当光线进入瞳孔后，它通过晶状体和眼睛的内室进入视网膜，视网膜是位于外壁上的一层薄薄的细胞膜，对光的变化很敏感。眼睛的晶状体把光聚焦在视网膜的感光细胞上，感光细胞检测光的光子并通过产生神经脉冲做出反应。这些信号由大脑的不同部分（从视网膜上游到大脑中央神经节）以分层的方式处理（Kolb et al.，2007）。

视网膜。视网膜位于眼睛的内表面，由能够感受进入眼睛的光线的神经组织构成。这个复杂的神经系统通过视神经将脉冲发送回大脑，大脑将这些信息转换成我们看到的图像。哺乳动物的视网膜由不同类型的细胞组成，视觉光线会激活位于外层的视锥细胞和视杆细胞。整个视网膜包含大约700万个视锥细胞和7500万到1.5亿个视杆细胞。这两种细胞都含有能够捕捉光能或光子并将其转化为神经信号的感光色素。视蛋白存在于视锥细胞中，视紫红质存在于视杆细胞中。视锥细胞主要集中于黄斑，密集分布于中央凹。它们负责色彩视觉，以及眼睛的颜色敏感性。它们对光的敏感度不如视杆细胞，这表明它们在相对明亮的光线下功能最好。然而，视锥细胞对刺激的反应时间比视杆细胞要快，因此可以快速跟踪图像的快速变化。人类有三种对不同波长敏感的视锥细胞：短波长（s-cone）、中波长（m-cone）和长波长（l-cone）（Bowmaker & Dartnall，1980；Stockman & Sharpe，2000）。这也是我们的视觉被称为三原色的原因。视杆细胞在较弱的光线下工作，集中在视网膜的外边缘，用于外周和夜间视力（Crawford，1948；Kraft et al.，1993）。因为视杆细胞只有一种光敏感色素（对498nm左右波长的光及蓝绿光比较敏感）。它们在彩色视觉中几乎没有作用。同时，多个视杆细胞聚集在一个神经元上，这是以牺牲视力为代价的。在突触传递到双极细胞和无分泌细胞（有助于组织来自视杆细胞和视锥细胞的信息）之后，可见光激活视网膜神经节细胞，后者又通过视神经与大脑沟通。神经节细胞位于视网膜最里面，而感光细胞位于视网膜最外面。由于这种反直觉的排列，光线必须首先通过神经节细胞和周围的视网膜厚度，然后到达视杆细胞和视锥细胞。

总的来说，形状、颜色和运动知觉通过视网膜内的视杆细胞和视锥细胞而感知。光感受器将光信号转换成电信号，然后传送到视网膜神经节细胞。后者通过视神经将这一信息发送到更高级的大脑区域，在那里发生整合和有意识的视觉感知。大约90%的视神经轴突进入丘脑外侧膝状核，另外一群则将信息发送到中脑上丘，帮助控制眼球运动和其他运动反应。外侧膝状体（Lateral Geniculate Nucleus，LGN）的神经元将视觉图像传递到位于枕叶的初级视觉皮层（Schiller，1986）。

1.4.5.2 光照的非视觉作用

当光线进入人眼后，视锥细胞和视杆细胞负责的视觉感光系统将接收到的信号通过视神经传递给大脑视觉皮层，形成视觉体验（曾强和何世刚，2011）。而除了视锥细胞和视杆细胞，研究者又在视网膜上发现了一种新型细胞（Berson，Dunn & Takao，2002），这种细胞包含感光色素——黑视素（一种类似于视杆细胞和视锥细胞的视蛋白），并且具备自主感光的能力，因此被称为自主感光神经节细胞（Intrinsically Photosensitive Retinal Ganglion Cells，ipRGCs）。ipRGCs 是一类新型的感光细胞，在视网膜神经节细胞中占据 1%~3% 的比例。同时与传统的感光细胞小于 550nm 的绿光最为敏感不同，ipRGC 对 460~480nm 的短波长的蓝光更加敏感。研究发现，即使传统的视锥细胞和视杆细胞的所有影响均被阻断之后，它仍然会受到光的刺激（Berson，2007）。ipRGCs 以低密度的形式存在于视网膜中，光的非视觉效应主要通过这个通道起作用（Guler et al.，2008）。近年来，越来越多的研究表明，经典的视锥细胞和视杆细胞感受器有助于人类光照的非视觉作用。

ipRGCs 负责的新型的视觉感觉系统，接受光信号后传递到大脑的生物钟——下丘脑视交叉上核（Suprachiasmatic Nuclei，SCN），而 SCN 又与控制人体某些激素分泌的松果体相连，由此实现生理节的调节以及激素分泌的控制（曾强和何世刚，2011），具体如图 1-3 所示。SCN 参与启动生命的代谢、生化及物理过程。在清醒之前，SCN 激活皮质醇大量分泌，同时启动其他影响觉醒的重要环节。通常，晨起当机体接受日光照射后，核心体温、警觉程度、认知水平均提高，同时激发大脑产生更多 5-羟色氨，提高情绪及机体活动力。到了夜间，SCN 抑制皮质醇的分泌，促使松果体分泌褪黑素，降低机体的警觉度及反应能力，降低核心体温（董栩然等，2014）。

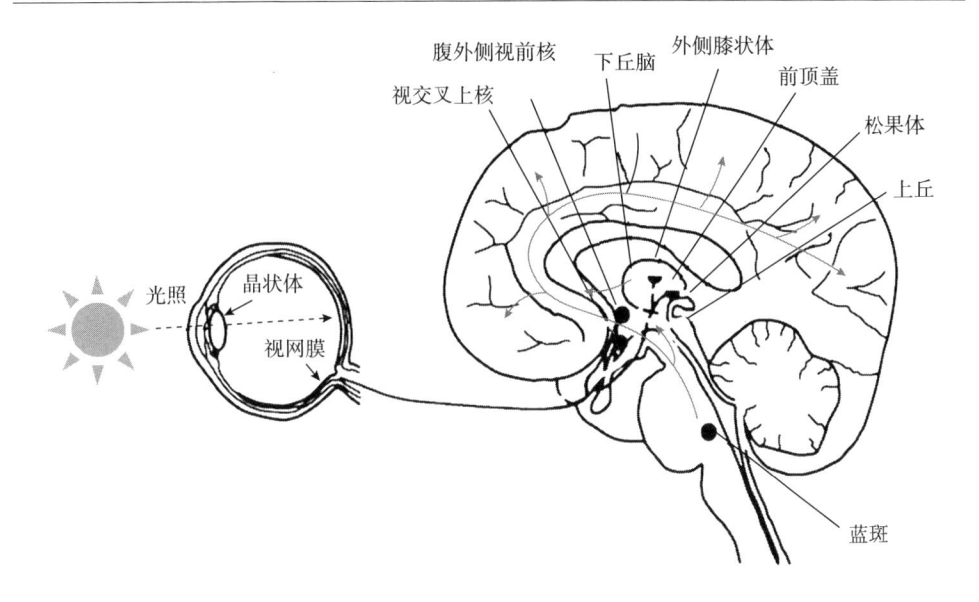

图1-3 光照激活大脑非视觉区域的路径

资料来源：Cajochen（2007）；毛天欣等（2018）。

光照的非视觉生物效应包括昼夜节律的相位重置、褪黑素的抑制和即时警觉性作用等。这三者之间又相互影响，且均取决于光照强度、时间点、时长、光谱成分及光照之前接受的光照等特征（Adamsson et al., 2017）。昼夜节律（Circadian Rhythms）是指生物体各种生理机能适应外界环境的昼夜变化而建立起的规律周期。在长期生物进化过程中，生物体内发育分化出一个特殊的"器官"——生物钟来协调各种不同组织与器官的昼夜节律。哺乳动物调控昼夜节律的中枢位于下丘脑的SCN。内源性的调节中枢由光照进行调控。昼夜节律的光协同过程使生物体的昼夜节律与自然节律同步，并不断地调整生理及行为周期。

总体来看，对于在夜间活动的动物来说，光与休息状态相关；而在人类身上，光与警觉性相关。因此，人类的视觉系统不仅能满足作为白天物种对视觉的需求，同时也与光的非视觉作用相一致。所以，激素的分泌、心率、体温、睡眠、警觉性、瞳孔收缩和基因表达都会受到光的影响，以适应光/暗周期（Berson, 2003; Hatori et al., 2010; Bromundt et al., 2011）。

1.4.5.3 光照的对抗

光照可以在一定程度上解决昼夜节律相关的睡眠障碍和昼夜中断相关的时差问题、轮班工作问题和航空飞行问题（Lucas et al.，2014）。Smith 和 Eastman（2012）发现，晚上光照可以延迟生理节律时相，能够在轮班工作中提高工作绩效。但夜间的亮光或蓝光会抑制褪黑素的分泌，导致昼夜中断，这两者都与增加健康风险有关，使用蓝光或亮光似乎不是一个好的选择。而波长较长的红光在不抑制褪黑素分泌的条件下依然能够提高警觉性，保持绩效水平（Figueiro et al.，2009；Plitnick et al.，2010），因此红光或许可以作为晚上照光的一种替代光源。Figueiro 和 Sahin 等（2016）发现，夜间暴露在红光环境下可以让护士在不抑制褪黑素分泌和改变生理节律的同时保持工作的警觉性。Canazei 和 Pohl 等（2017）发现，含短波成分较少的复合白光可以在不损害认知功能和警觉性的同时，对倒班工人的心脏机能有积极的作用。同时需要注意的是，光照对生理节律系统的敏感性受到短期内光照强度的影响，白天光照强度越大，光照对生理节律的影响的敏感性越低（Hanford & Figueiro，2013）。

睡眠对于幸福感、社会能力和学业表现至关重要。不规则的睡眠和光照模式已经被证实与延迟生物节律及大学生较低的学业表现有关（Phillips et al.，2017）。此外，研究证实，睡眠问题还可能降低儿童的社交能力（Foley & Weinraub，2017）。此外，用光照来治疗季节性情感障碍是精神病学中第一个基于神经生物学研究的治疗方法，该研究模拟了春天的光周期来抵消漫长的冬夜（Rosenthal et al.，1984）。之后研究发现，黎明光照也能够治疗季节性情感障碍中的临床反应（Terman & Terman，2006），这种改善在一定程度上与晨光诱导的相位提前有关，但也与光线对情绪的直接影响有关（Spindelegger et al.，2012）。光照不会改变 SAD 患者的睡眠脑电图谱（Brunner et al.，1996）。光作用于 C 过程，使其移相、增大幅值，并通过增加授时因子强度来稳定夹带。光的直接神经化学效应可以解释为什么它在一天的不同时间有效，昼夜节律的调节作用与早晨更好的认知功能水平显著相关（Borbély et al.，2016）。

1.4.5.4 黎明模拟光的对抗

近年来，研究人员一直使用光作为一种手段来抵消现代生活的一些有害影响（如夜班和轮班工作、跨时区旅行等）。研究发现，夜间光照会抑制褪黑激素的分泌，延迟昼夜节律，但也可能改善主观困倦、情绪和认知能力。而在早上日光暴露会伴随着褪黑激素阶段的提前，也能改善主观的困倦、情绪和认知能力。有研究表明，清晨起床时通过改变光的动态性甚至可能会减少睡眠惯性（Gabel，2015）。黎明模拟光（Dawn Simulated Light，DSL）是一种可以模拟光照日出和日落的动态过程的灯具。这种光的动态性，或者说光随时间变化的过程，被证实在光对行为和生理的影响中起着关键作用。从广义上讲，在唤醒时间直接打开灯，这样灯会立刻增加多少勒克斯。后来又发明了另一种"光"，这种光的强度在闹钟响前逐渐增加，在闹钟响几分钟后保持在理想的水平。通过改变这种动态性，很有可能可以在起床后的第一个小时内改变行为表现。换句话说，与控制灯相比，在模拟晨光下起床可以减少主观困倦，增强幸福感，减少睡眠惯性（Werken，2010；Giménez et al.，2010）。

在关于认知功能的研究中，一项 18 个参与者的被试内研究发现，相较对照组，黎明模拟光可以增加个体警觉性，提高醒后的认知表现（Thompson et al.，2014）。同时也有研究发现，黎明模拟光与睡眠惯性抱怨的减少有关（Giménez et al.，2010）。此外，已有研究发现，黎明模拟光可以有效改善睡眠不足带来的认知功能下降的负面影响。例如，Gabel 等（2013）研究发现，将被试限制两晚，在每晚只睡 6 小时的情况下，相比暗光和亮光，黎明模拟光可以显著地提高个体的主观幸福感、情绪和认知绩效，提示黎明模拟光可能是在睡眠限制条件下提高个体工作认知水平和情绪状态的一个有效方式。而对于季节性情感障碍和冬季抑郁症患者来说，黎明模拟光的光线比早晨暴露在强光下更加有效（Avery et al.，2002；Terman & Terman，2006；Terman & Terman，2010）。但是，Gabel 等（2015）发现，黎明模拟光对睡眠限制带来的损害的缓解作用只在轻微的睡眠限制条件下（第一个睡眠限制的晚上）起作用，对第二晚睡眠限制之后的作用不显著，这很可能是由于睡眠压力增大导致的。因此，黎明模拟光可能是一种应对短期睡眠限制（限制 1 晚）带来的负向影响的有效方式，但是面对长期的睡眠限制，黎明模拟光的作用可能不是特别有效。

1.4.6 小结

总的来说，这五种干预方式都对睡眠限制引起的负向影响有一定的对抗作用。然而，午睡的对抗作用比较即时，能在短时间内提高个体的警觉性，而咖啡的作用虽被反复证明对个体警觉性有效，但对于其他高级认知功能的作用没有一致的研究结果。同时，考虑到很多人群（如倒班工人、医务人员等）并没有条件进行午睡或者不习惯喝咖啡，因此，本书将重点探讨睡眠恢复和黎明模拟光这两种干预措施。

2 问题提出及研究意义

2.1 问题提出

睡眠作为人类生活必不可少的一个环节，在人的一生中，约占了 1/3 的时间。然而，随着现代科技的发展，人类生活节奏的加快，睡眠剥夺（尤其是部分睡眠剥夺）在现代人群中越来越普遍。这对人们的认知功能、情绪状态等都造成了一定的损害，表现在白天困倦、疲惫、工作效率低下、情绪低落等。大量研究证实，睡眠不足会严重损害个体的警觉性、注意力、记忆力、运动反应能力、抑制控制水平、情绪状态以及幸福感等（Dinges et al., 1997; Chee & Choo, 2004; Goel et al., 2009b; Czisch et al., 2012; Goel et al., 2013; Goldstein & Walker, 2014; Mao et al., 2018）。而关于睡眠剥夺对风险决策的影响，目前并未形成一致性结果。结果的不一致可能是由于使用风险决策的任务不同、睡眠剥夺的时长不同、睡眠环境的设置不同、考察的混淆变量不同，或者不同风险类型下的决策偏好不同造成的。

另外，截至目前，部分学者探讨了一些抵抗睡眠不足负性影响的对抗措施，但大都是聚焦在警觉性注意、工作记忆等基本认知功能上，专门针对影响风险决策的对抗研究还比较欠缺。但即使是对广泛意义的认知功能影响的对抗研究中，也没有一致好评的方式，可以用来抵抗睡眠不足带来的损害。例如，日常生活中，大多数人群可能会选择通过周末增加睡眠的方式来缓解工作日睡眠不足带来的负面影响，或者通过午睡或者饮用咖啡来提神。但是也有研究发现，长期的睡眠不足会有一种累积效应，周末增加睡眠可以在一定程度上缓解工作日睡眠不足带来的基本认知功能下降、情绪低落和困意等，但并不能完全消除这些影响（Lasselin et al.，2015）。这可能是由于恢复性睡眠时长不够造成的，需要更多的样本研究为探讨最优恢复时长提供参考。此外，午睡和咖啡因也能在一定程度上对抗睡眠缺失带来的不良影响，但这种对抗效果较为局限。例如，午睡只能在短时间内提高个体的警觉性，而且对抗作用的大小尚不清楚（Saletin et al.，2017）；咖啡的作用虽被反复证明对个体警觉性有效，但对于其他高级认知功能的作用没有一致的研究结果（Wesensten et al.，2005）。同时考虑到现实操作的便捷性，很多人群（如倒班工人、医务人员等）并没有条件进行午睡或者不习惯喝咖啡。在寻找其他的可行措施时，我们发现，近年来兴起的光照干预特别是黎明模拟光因其操作性较高备受研究者关注。有研究指出，黎明模拟光可以通过黎明模拟日出动态照明来降低睡眠不足对个体基本认知功能和情绪状态的影响（Giménez et al.，2010；Gabel et al.，2013），但也有研究发现这种光照的缓冲效应在第二晚睡眠限制之后就消失了（Gabel et al.，2015），这可能是睡眠压力增大造成的。另外，有研究发现，晚上暴露在富含蓝光光照的条件下，能够提高第二天早上的简单任务的成绩，且这种认知水平的提高与清醒时 EEG 的客观警觉性较高有关。因此，即使恢复性睡眠作为最常见的缓解睡眠不足负性影响的方法，目前仍然没有完全一致的研究结果，即并非所有指标在睡眠恢复之后都能回到基线水平。另外，黎明模拟光作为一种新型的对抗措施，其应用性受到了关注，但其对抗时的作用路径还需要进一步地系统探讨。

带着这样的思考，本书综述了以往的文献，提出研究问题。首先，本书将重点探讨：①在严格的实验室条件下，验证睡眠限制对基本认知和情绪的影响，同时探讨睡眠限制是否影响风险决策偏好水平的表现。②是否可以利用黎明模拟光来缓解睡眠限制对风险决策的负性影响。③睡眠恢复是否可以缓解短期睡眠限制对个体风险决策的负性影响。④将黎明模拟光和睡眠恢复相结合是否可以完全对抗睡眠限制引起的风险决策变化的作用。同时，本书还将关注睡眠限制及睡眠恢复条件下个体睡眠结构的变化、黎明模拟光对抗作用的脑部神经机制，以及不同对抗措施的优劣。基于上述问题，本书重点设计了4个研究。研究1主要探讨相比于正常睡眠，睡眠限制条件下个体风险决策水平的变化，同时进一步考察睡眠限制条件下睡眠结构的变化。研究 2 主要探讨睡眠恢复是否可以在一定程度上减少睡眠限制对个体风险决策水平的负面影响，同时进一步考察睡眠恢复对睡眠结构的影响。研究 3 主要探讨黎明模拟光是否可以在一定程度上减少睡眠限制对个体风险决策水平的负面影响，同时进一步探讨黎明模拟光对睡眠结构的影响。研究 4 主要探讨黎明模拟光和睡眠恢复相结合的对抗方法是否可以将个体风险决策水平恢复到基线水平，同时将三种对抗措施进行比较，以寻求最优化的措施。

2.2 研究构想

总体来说，本书首先希望通过考察睡眠限制对个体风险决策、警觉性注意力以及情绪的动态负性影响，其次探讨黎明模拟光、睡眠恢复及黎明模拟光与睡眠恢复相结合这三种对抗措施对睡眠不足负性影响的缓解作用，进一步比较这三种对抗措施，以期找到短期睡眠限制最有效的对抗方法，为对抗长期睡眠限制人群提供一点借鉴意义。本书的研究思路如图 2-1 所示。

研究1：睡眠限制对风险决策的影响	
研究1a：睡眠限制对风险决策的影响	研究1b：睡眠限制对睡眠结构的影响

研究2：传统方法：睡眠恢复的对抗作用	
研究2a：睡眠恢复对风险决策的缓解作用	研究2b：睡眠恢复对睡眠结构的影响

研究3：新型方法：黎明模拟光的对抗作用	
研究3a：黎明模拟光对风险决策的缓解作用	研究3b：黎明模拟光对睡眠结构的影响

研究4：睡眠恢复和黎明模拟光的联合对抗作用	
研究4a：联合对抗作用的缓解作用	研究4b：三种对抗措施的比较

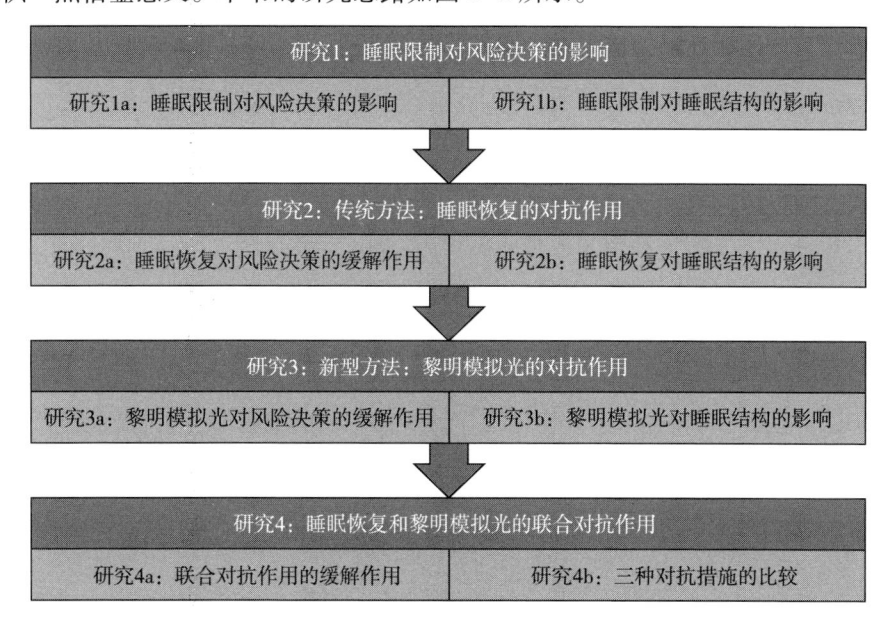

图 2-1 本书的研究思路

2.3　研究意义

2.3.1　理论意义

首先，本书在探究睡眠限制的负性影响时，对不同认知任务和情绪状态做了动态的测量，可以清晰地看到不同时间段内个体不同认知和情绪受睡眠限制的影响，可以为有关时间效应的研究提供一定的理论参考。其次，本书初次基于国内大学生群体探讨黎明模拟光对睡眠限制负性影响的对抗措施，对拓宽光的非视觉作用的理论有一定的参考价值。最后，本书系统地讨论了睡眠限制、睡眠恢复和黎明模拟光对睡眠结构（睡眠各个阶段时长及所占比率、睡眠效率、睡眠潜伏期等参数）的影响，为研究睡眠结构的内在机制提供了一定的理论参考。

2.3.2　现实意义

首先，由于科技的快速发展、科技产品增多、工作压力增大等原因，睡眠不足人群的比例不断增长，导致人们白天的认知功能水平受到了很大的干扰，如何消除睡眠限制带来的负性影响变得尤为重要。本书试图用严格的实验室方法探讨三种不同的对抗措施（传统的对抗措施、睡眠恢复、新兴的对抗措施——黎明模拟光，以及将睡眠恢复和黎明模拟光两种方法相结合的对抗措施）对睡眠限制导致的风险决策水平变化的缓冲作用，具有一定的现实意义。其次，本书比较了三种对抗措施的差异，以期找出干预短期睡眠限制负向影响的最优解，为长期睡眠限制负向影响的干预提供一定的借鉴意义。

3 研究1：睡眠不足对风险决策的影响

大量的因素可以影响认知表现，较主要的就是时间效应（Dijk et al.，1992；Silva et al.，2010）和内稳态平衡的睡眠压力（Bonnet，1986）。慢性睡眠限制不仅有损白天的警觉性，而且对认知表现有一定的负性作用（Van Dongen et al.，2003；Belenky et al.，2003）。相比正常睡眠条件，睡眠限制条件下个体的认知功能和情绪的改变得到了较多研究者的关注，也取得了一些颇有参考价值的研究成果。一项元分析评估了实验操纵睡眠限制对神经认知功能的影响。研究采用随机效应模型估计总体效应大小和不同认知领域的差异效应大小，共计纳入了来自71个不同人群的61项研究样本。研究结果显示，睡眠限制对跨认知领域的认知过程有显著的负面影响。这种效应适用于执行功能、持续注意力和长期记忆。而目前没有足够的证据来检测注意力、多任务、冲动决策或智力领域的影响。此外，年龄组、每天的时间、限制睡眠的累积天数、睡眠潜伏期、主观嗜睡和生理性别都是总体效果的显著调节因素。该研究提供的证据表明短期睡眠限制会显著损害清醒时的神经认知功能（Lowe et al.，2017）。

回顾以往研究，由于不同的睡眠限制时间、不同认知功能的任务及情绪量表的选取等原因，导致睡眠限制条件下个体认知功能和情绪的变化的研究结果并非完全一致，尤其是对高级认知的研究结果尚存在较大的争议。本书拟在前人研究的基础上，通过改进实验设计，对相关变量进行严格控制，从更加全面的角度考察睡眠限制条件下个体认知功能（基本认知：警觉性；高级认知：风险决策）、主观睡意和情绪状态的变化，并且进一步探讨睡眠限制引起的睡眠结构的变化。

因此，研究 1a 将重点关注睡眠限制引起的在行为层次（包括风险决策水平和情绪）的影响，研究 1b 主要关注睡眠限制在生理层次（包括睡眠结构、睡眠效率、睡眠潜伏期、入睡后觉醒时间等）的影响。

3.1 研究 1a：睡眠不足对风险决策的负性影响

3.1.1 实验目的

本实验的目的是探讨睡眠限制对个体警觉性注意、风险决策及情绪的影响。本书的研究假设是：①睡眠限制会导致个体风险偏好水平增加；同时，会降低个体警觉性水平和正向情绪，增加主观困意和负向情绪。②两晚的睡眠限制带来的负性作用会大于一晚的睡眠限制带来的负性作用。

3.1.2 实验方法

3.1.2.1 被试

通过 QQ 群、微信群、微信公众号及校内 BBS 等渠道发布被试招募信息，对报名参加实验的被试进行严格的筛查，筛选条件包括：①身心健康、无身体疾病史、无心理/精神问题史；②无情绪情感障碍（包括季节性情绪情感障碍）、无家族精神病史；③作息规律，睡眠质量良好，无失眠、睡眠异常等问题；④无药物、酒精、咖啡因成瘾状况；⑤近一个月内无出国经历，未参加过轮班制工作；⑥无午睡习惯，且平时睡眠时间在 7~9 小时；⑦身体质量指数（Body Mass Index，BMI）在 19~25；⑧视力或矫正视力正常，均为右利手。筛选工具如下：

睡眠类型问卷（Morning and Evening Questionnaire-19，MEQ），MEQ 由 Horne 和 Ostberg 于 1976 年编制而成。本书采用张斌等（2006）引进的中文版清晨型与夜晚型评定量表（MEQ），MEQ 包括睡眠时相因子和最佳表现时间因子两个维度，共有 19 个条目，总分在 16~86 分，分数越高，表明越倾向于清晨型。中文版的分界点是，绝对清晨型为 70~86 分，中度清晨型为 63~69 分，中间型为 50~62 分，中度夜晚型为 43~49 分，绝对夜晚型为 16~42 分。

匹兹堡睡眠质量指数量表（Pittsburgh Sleep Quality Index，PSQI），PSQI 是用于评价睡眠质量的临床和基础研究的一个量表，最初由 Buysse 等（1989）编制而成，而后中国学者刘贤臣等于 1996 年将量表翻译引用到国内（Buysse et al.，1989，1991；刘贤臣等，1996）。PSQI 由 19 个自评和 5 个他评条目构成，其中第 19 个自评条目和 5 个他评条目不参与计分，所以，参与计分的条目是 18 个，可分为睡眠质量、入睡时间、睡眠时间、睡眠效率、睡眠障碍、催眠药物和日间功能障碍 7 个成分。每个成分按 0~3 分四级计分，总分为 0~21 分，得分越高，表示睡眠质量越差，国内以 PSQI>7 分作为成人睡眠质量问题的参考临界值。

焦虑自评量表（Self-rating Anxiety Scale，SAS），SAS 是由 Zung 在 1971 年编制的，1990 年由吴文源修订成中文，专门用于评定受试者焦虑这一主观感受。量表共有 20 个条目，其中有 5 个反向计分条目。所有条目均分为 4 个等级：1=没有或很少时间；2=小部分时间；3=相当多时间；4=绝大部分或全部时间。正向条目依次评为 1~4 分，反向条目评分为 4~1 分，分数越高，表明个体焦虑水平越高。国内以 SAS>40 分为个体焦虑的参考临界值。

一般心理健康问卷（General Health Questionnaire，GHQ），GHQ 最初由 Goldberg（1972）设计，本书采用的是李虹和梅锦荣（2002）以中国大学生为被试进行修订的新版，包括 20 个项目，分为 GHQ—自我肯定量表（1~9）9 个项目；GHQ—忧郁量表（10~15）6 个项目；GHQ—焦虑量表（16~20）5 个项目。该问卷的记分方法为"是"或"否"，要求被试用"是"或"否"指出近几周的感觉。其中，"自我肯定"维度的条目选"是"得 1 分，其余两个维度答"否"得 1 分。分数越高，表明心理健康水平越低。

贝克抑郁量表第二版（Beck Depression Inventory，BDI-Ⅱ），BDI 最初由 Beck 和 Beamesterfer（1974）编制而成，后由郑洪波和郑延平（1987）将其引入国内。BDI 各项症状分别为：1=抑郁、2=悲观、3=失败感、4=满意感缺失、5=自卑感、6=自我失望感、7=消极倾向、8=社交退缩、9=犹豫不决、10=自我形象改变、11=工作困难、12=疲乏感、13=食欲丧失。各项均为 0~3 分四级评分。Beck 提出，可以用总分来区分抑郁症状的有无及严重程度：0~4 分（基本上）为无抑郁症状；5~7 分为轻度抑郁症状；8~15 分为中度抑郁症状；16 分以上为严重抑郁症状。

除了先通过筛查问卷结果初步获得可能符合要求的被试，本书还使用了访谈法和被试进行一对一的访谈，使用了睡眠日志和体动记录仪 Actigraphy 监测被试的睡眠状态，确保被试符合身心健康、睡眠规律等要求。经过严格的筛选，共有 16 名（9 男 7 女）被试符合要求，参与了该实验。根据体动记录仪数据和睡眠日志数据，实验之前一周，被试的上床时间为 11:41±17 分钟，起床时间为 7:38±24 分钟，睡眠时长为 7.95±0.54 小时；被试的睡眠品质（很差为 1 分，很好为 5 分）为 3.5±1.72 小时，白天精神（很差为 1 分、很好为 5 分）为 3.48±1.73 小时。表明实验前，被试的睡眠比较规律，睡眠时长、睡眠品质和白天精神均达到良好水平。被试具体信息如表 3-1 所示。

表 3-1 研究 1a 的被试基本信息

	最小值	最大值	平均值	标准差
年龄（岁）	18	22	19.81	1.22
BMI（kg/m^2）	18.52	23.84	20.35	1.69
MEQ	42	58	553.44	4.80
GHQ	11	20	18.25	2.52
SAS	29	40	35.31	3.30
PSQI	0	5	3.06	1.84
BDI	0	5	2.44	2.06

3.1.2.2 实验程序

实验前对符合筛选标准的被试进行一周的基线测量，即正式实验开始前一周每个被试需要在非利手上佩戴体动记录仪（Actigraphy）对个人的睡眠周期、日常活动、光照情况等进行实时记录和监控，并要求每个被试完成当天的睡眠日志，共记录 7 天。研究人员会根据被试反馈来的睡眠日志和体动记录仪的数据，确定其睡眠是否规律，最终确定其是否可以参加实验。

正式实验中，每个被试需在睡眠实验室休息 4 晚（适应一晚、基线一晚、第一晚的睡眠限制、第二晚的睡眠限制），其中适应晚上睡眠 10 小时，基线晚上睡眠 8 小时，睡眠限制两晚睡眠 6 小时。每天晚上根据被试的睡眠时间提前 3 小时（洗漱+安装 PSG+完整认知任务+KSS 和 PANAS 问卷填写）到达睡眠实验室。经过晚上睡眠，第二天早上醒来约 3 小时后（KSS 问卷填写+10 分钟 PVT+20 分钟休息间隔填写 KSS+完整的认知任务+取下 PSG+洗漱时间）离开实验室。下午 3 点再次来到实验室，完成完整的认知任务 KSS 和 PANAS 问卷填写之后方可离开，等晚上前 3 小时再次来实验室。适应晚的目的是熟悉实验流程、认知任务以及适应睡眠环境，同时消除睡眠负债。基线晚的目的是测量任务的基线水平，确定正常睡眠/睡眠限制的上床时间点。睡眠限制属于实验条件，实验期间禁止看手机、iPad 等一切自发光电子设备。具体实验流程如图 3-1 所示。

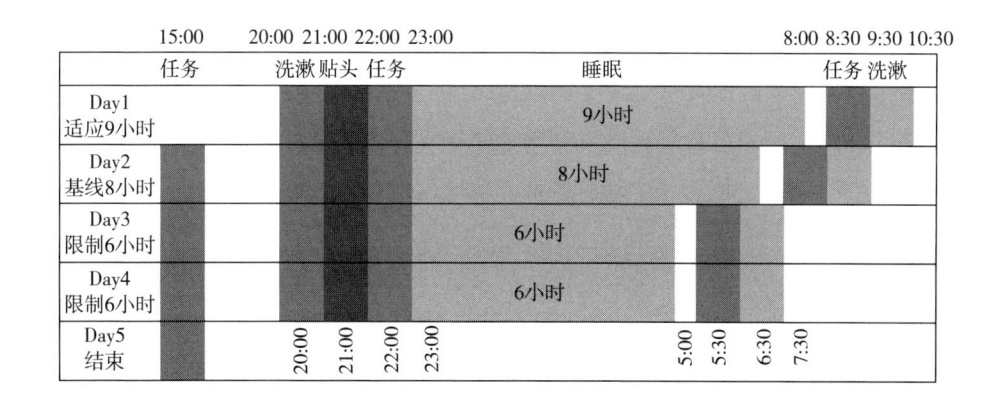

	15:00	20:00 21:00 22:00 23:00		8:00 8:30 9:30 10:30
	任务	洗漱贴头 任务	睡眠	任务 洗漱
Day1 适应9小时			9小时	
Day2 基线8小时			8小时	
Day3 限制6小时			6小时	
Day4 限制6小时			6小时	
Day5 结束		20:00 21:00 22:00 23:00	5:00 5:30 6:30 7:30	

图 3-1 研究 1a 的实验流程

3.1.2.3 实验工具

多导睡眠监测仪可以使用多通道来评估睡眠生理特征和潜在的睡眠障碍，因此被认为是睡眠测量的黄金标准。本书采用澳大利亚 Compumedics Greal 系列 80 导睡眠监测系统对每晚的睡眠情况进行监测记录，本书记录了脑电图（EEG，包括额叶 F4、F3、中央区 C4、C3 和枕叶 O1、O2）；眼电（EOG，包括左眼电 E1 和右眼电 E2）；下颌肌电（EMG，包括 Chin 1、Chin Z 和 Chin 2，用来记录肌肉张力，可以记录到打哈欠、吞咽、磨牙等睡眠时的肌肉活动，更重要的是能够记录到睡眠时较低的肌肉张力）；心电（ECG，包括 ECG 1、ECG 2 和 ECG3）；下肢肌电（包括左腿和右腿）和血氧饱和度。按照标准化的准则，根据 AASM 判读标准进行睡眠分期，将睡眠记录按照 30 秒一帧进行判读分期，分为清醒期、N1 期、N2 期、N3 期（慢波睡眠期，Slow-wave Sleep）和快速眼动期（Rapid Eye Movement，REM）。总睡眠时间定义为 N1 期、N2 期、N3 期和 REM 期睡眠阶段的总分钟数。

体动记录仪（Actigraph）是一种小型便携式设备，内附的加速度计可以检测人体的运动，并且可以通过运动来估计睡眠和清醒的状态。尽管体动记录仪在监测睡眠开始后与觉醒时的准确性相比 PSG 有一定的欠缺，但是过去的研究已经证明它可以对儿童和青少年的睡眠进行有效的评估。

3.1.2.4 实验任务

除了早上睡醒时，被试需要立刻完成 10 分钟的 PVT 任务外，每天醒后的上午、中午和晚上均要求被试完成一套完整的任务（约 30 分钟）。一个完整的认知任务包括 PVT 和 BART。各个实验任务的具体内容和材料如下：

（1）精神运动警觉性测验（Psychomotor Vigilance Test，PVT）。PVT 任务开始时，在电脑屏幕上会不定时出现黑色三角形（刺激），刺激呈现时间为 1000 毫秒，刺激间隔在 2000~10000 毫秒。要求被试看到刺激后立刻按键进行反应。该任务共需要 10 分钟时间。本书以平均反应时作为因变量，平均反应时越长，说明个体警觉性越低。

PVT 的指导语是：在电脑屏幕上会不定时出现黑色"▲"，请看到该图形后立刻按"H"键进行反应。由于呈现时间较短，请您集中注意力，进行又快又准的判断。

（2）仿真气球冒险任务（The Balloon Analog Risk Task，BART）。BART 任务开始时屏幕上首先会出现一个红色的注视点"+"，注视点呈现时间为 1000 毫秒。其次会出现一个模拟的气球，一个"充气"按钮，一个"收账"按钮，另外，界面还会同时出现两个文本框，分别显示"挣得总钱数""上一气球金币数"。被试可以点击"充气"按钮给气球充气，但是如果充气太多，气球就会爆炸。有的气球可能第一次充气就会爆炸，有的气球增大到充满整个电脑屏幕才会爆炸（气球随机爆炸，可充气次数为1~128）。在每次给气球完成一次充气后就会赚到1分钱，如果气球爆炸了，那么就不能赚到钱，但不影响其他气球。被试感觉气球快炸时可以随时点击"收账"按钮。然后进入下一个气球，这时界面也会同时出现"挣得总钱数""上一气球金币数"的数值。此任务中共有30个气球，被试的目标是将所有气球吹得尽量大且不发生爆炸，使最后得到的钱越多越好。在BART中，经典的统计方法是计算被试在未爆炸气球上的平均充气次数，得分越低，则被认为越规避风险，越不冲动。除了这个指标之外，我们还考察了爆炸气球的比例及未爆炸气球的总数。

气球模拟风险任务的指导语是：您好！接下来您会看到30个依次出现的气球。您可以点击"充气"按钮给气球充气。每次点击"充气"按钮都会给气球充一些气。但是要记住，如果充气太多，气球就会爆炸。有些气球可能第1次充气就会爆炸，有些直至气球增大到充满整个电脑屏幕才会爆炸。在每次给气球完成一次充气后就会赚到1分钱。如果气球爆炸了，那么在这个气球上就不能赚到钱，但不影响其他气球。为了保存在气球上已赚到的钱，您可以点击"收账"按钮，在气球爆炸前把赚的钱都储存到"银行"。您的目标是将气球吹得尽量大且不发生爆炸，使您的银行存款越多越好！最后我们会根据您在测验中赚到的总钱数给予一定的奖励。

（3）量表。积极消极情感量表（The Positive and Negative Affect Schedule, PANAS）是用来测量被试情绪的常用量表。它最先由Watson等于1988年编制而成，而后由邱林等（2008）将其引入国内。本书使用的是中国版本，共18个条目，其中，积极情绪9个条目，消极情绪9个条目。在两个维度上的分数越高，说明对应的情绪越高。

卡洛林斯卡困倦量表（Karolinska Sleepiness Scale, KSS）是目前比较常用的测量主观睡意的量表（Akerstedt & Gillberg, 1990）。KSS包括1个条目，9点计分。其中，1=极度清醒；2=非常清醒；3=清醒；4=比较清醒；5=既不清醒也不困乏；6=有点困乏；7=有点困乏但无须费力保持清醒；8=非常困乏，需努力保持清醒；9=极度困乏，需极力保持清醒。被试分数越低表示越不困，即警觉性越高。

3.1.2.5 实验设计

本书采用单因素被试内设计（基线/限制一晚/限制两晚），探讨不同睡眠状态醒后对个体警觉性、风险决策及情绪的影响。为了进一步了解睡眠限制在哪个时间段对个体影响最大，本实验在被试刚醒时，上午（醒后30分钟开始任务）、下午（约15:00）及晚上（约22:00）均对被试的认知功能及情绪进行了测量。本书的研究假设为：相比正常睡眠，睡眠限制条件下，个体风险偏好水平显著提高，情绪状态降低，基本认知功能受损；且两天睡眠限制造成的损害大于一天睡眠限制的。

3.1.3 数据分析

使用Excel对所有数据进行整理，采用SPSS 22.0和Matlab2014对数据进行描述性分析、配对样本T检验、重复测量方差分析等。

3.1.4 实验结果

3.1.4.1 睡眠限制对客观警觉性PVT的影响

对3晚睡眠（基线晚、限制一晚、限制两晚）刚醒时的PVT反应时进行单因素重复测量方差分析，结果发现不同睡眠条件醒后的反应差异显著 [$F(2, 30) = 8.475$，$p = 0.001$，$\eta_p^2 = 0.361$]，表现为随着睡眠限制天数的增加，个体的反应时不断增加。进一步配对样本T检验发现，基线刚醒时的PVT反应时均显著低于限制一晚 [$t(15) = -2.301$，$p = 0.036$] 和限制两晚 [$t(15) = -4.012$，$p = 0.001$] 之后，限制一晚与限制两晚后没有显著差异 [$t(15) = -1.879$，$p = 0.080$]。具体结果如表3-2和图3-2所示。

表3-2 不同睡眠条件后不同时间内PVT的平均反应时

时间段	睡眠条件	Mean	SD	SE
刚醒时	Baseline	456.06	102.132	25.533
	1st restriction	519.90	190.696	47.674
	2nd restriction	574.90	201.073	50.268

续表

时间段	睡眠条件	Mean	SD	SE
上午	Baseline	427.548	70.957	17.739
	1st restriction	636.696	559.750	139.938
	2nd restriction	704.462	606.681	151.670
下午	Baseline	425.856	72.322	18.081
	1st restriction	489.077	198.729	49.682
	2nd restriction	467.171	104.947	26.237
晚上	Baseline	423.275	65.328	16.332
	1st restriction	440.661	64.954	16.238
	2nd restriction	461.812	114.293	28.573

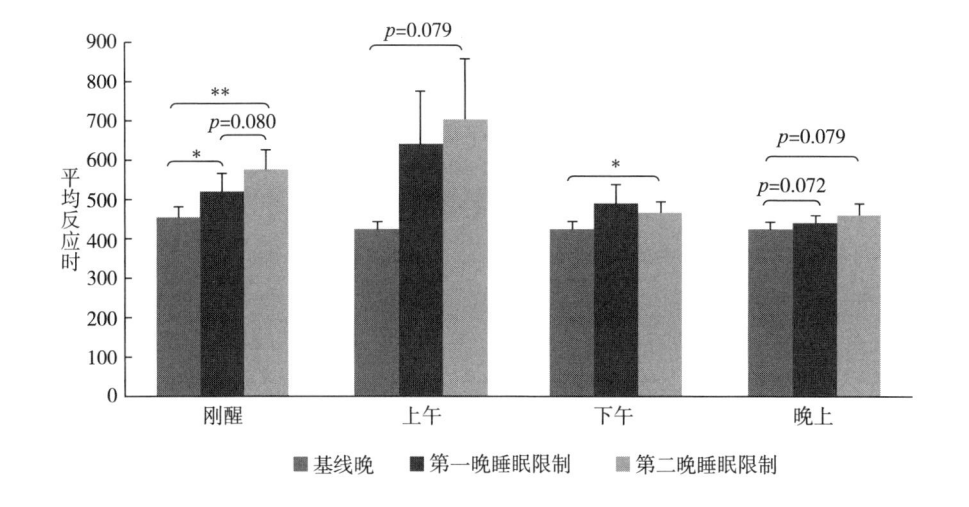

图 3-2 睡眠限制对 PVT 的影响结果

注：*表示 p<0.05，**表示 p<0.01。

对三晚睡眠（基线晚、限制一晚、限制两晚）醒后上午的 PVT 反应时进行单因素重复测量方差分析，结果发现，不同睡眠时醒后 30 分钟的 PVT 反应时之间没有显著差异 [$F(2, 30) = 1.673$, $p = 0.205$, $\eta_p^2 = 0.100$]。

对三晚睡眠（基线晚、限制一晚、限制两晚）醒后下午的 PVT 反应时进行重复测量方差分析，结果发现，主效应之间的差异不显著 [$F(2, 30) = 1.352$,

$p=0.274$，$\eta_p^2=0.083$]。进一步配对样本 T 检验，结果发现，基线晚与限制一晚之后下午的 PVT 反应时之间无显著差异 [$t(15)=-1.389$，$p=0.185$]，但显著低于限制两晚之后第二天下午的反应时 [$t(15)=-2.268$，$p=0.039$]。

对三晚睡眠（基线晚、限制一晚、限制两晚）后晚上的 PVT 反应时进行单因素重复测量方差分析，结果发现，第二天晚上 PVT 的反应时之间没有差异 [$F(2, 30)=2.511$，$p=0.098$，$\eta_p^2=0.143$]。

3.1.4.2 睡眠限制对主观睡意 KSS 的影响

刚醒后 30 分钟内共测试 KSS 6 次，测试时间分别为醒后 0 分钟、10 分钟、15 分钟、20 分钟、25 分钟和 30 分钟。对 3 晚睡眠（基线晚、限制一晚、限制两晚）和 6 次测试时间进行单因素重复测量方差分析，结果发现，不同睡眠时间晚的主效应显著 [$F(2, 30)=22.990$，$p=0.000$，$\eta_p^2=0.605$]，测试时间主效应显著 [$F(2, 30)=55.243$，$p=0.000$，$\eta_p^2=0.786$]，二者之间没有显著的交互作用 [$F(2, 30)=1.436$，$p=0.132$，$\eta_p^2=0.087$]，说明随着睡眠限制天数的增加，被试主观上感到越来越困。随着醒后时间的逐渐增加，被试的主观感受越来越清醒。进一步配对 T 检验发现，在 T1 时间段上，睡眠基线晚的 KSS 值及其显著性低于睡眠限制两晚之后的 [$t(15)=-3.048$，$p=0.008$]，但与限制一晚之后的 KSS 值之间没有显著差异 [$t(15)=-1.979$，$p=0.066$]，限制一晚与限制两晚之后的 KSS 值之间没有显著差异 [$t(15)=-1.464$，$p=0.164$]。在 T2 时间段上，同样只有基线晚与限制两晚之后的 KSS 之间呈现出显著的差异 [$t(15)=-2.333$，$p=0.034$]。在 T3 时间段上，基线晚与限制一晚差异显著 [$t(15)=-2.423$，$p=0.029$]，与限制两晚之后也存在显著差异 [$t(15)=-3.050$，$p=0.008$]。在 T4 时间段上，基线晚与限制两晚差异显著 [$t(15)=-2.928$，$p=0.010$]，限制一晚与限制两晚的 KSS 值之间也存在显著差异 [$t(15)=-2.546$，$p=0.022$]。在 T5 时间段上，基线晚与限制一晚没有显著差异 [$t(15)=-1.781$，$p=0.095$]，但与限制两晚之后的 KSS 值之间也存在显著差异 [$t(15)=-2.546$，$p=0.022$]。在 T6 时间段上，基线晚与限制一晚没有显著差异 [$t(15)=-1.959$，$p=0.069$]，但与限制两晚之后的 KSS 值之间也存在显著差异 [$t(15)=-3.174$，$p=0.006$]。具体结果如表 3-3 和图 3-3 所示。

3 研究1：睡眠不足对风险决策的影响

表3-3 醒后30分钟内KSS值（n=16）

	T1		T2		T3		T4		T5		T6	
	Mean	SD	Mean	SD	Mean	SD	Mean	SD	Mean	SD	Mean	SD
基线晚	5.81	1.64	4.94	1.57	4.56	1.71	3.94	1.18	3.50	0.82	3.13	0.96
第一晚睡眠限制	6.63	1.63	5.44	1.71	4.94	1.53	4.13	1.31	4.06	1.44	4.06	1.77
第二晚睡眠限制	7.00	1.41	5.81	1.87	5.44	1.50	4.94	1.61	4.31	1.62	4.06	1.65

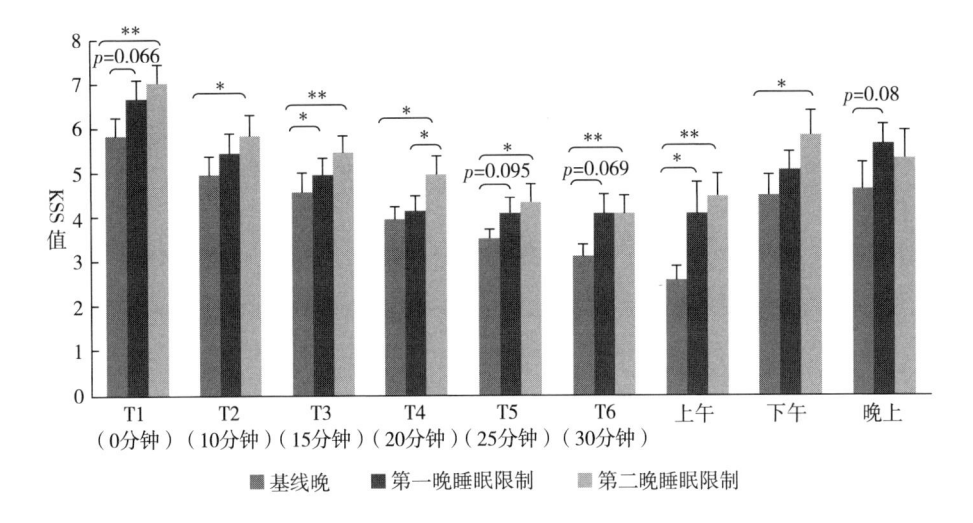

图3-3 睡眠限制对KSS的影响结果

注：*表示p<0.05，**表示p<0.01。

对3晚睡眠（基线晚、限制一晚、限制两晚）醒后上午的KSS进行单因素重复测量方差分析，结果发现，主效应之间差异显著［F(2, 30) = 7.177，p = 0.003，η_p^2 = 0.324］。进一步配对T检验发现，基线晚醒后上午的主观困意（2.56±1.263）显著低于限制一晚之后［(4.06±2.762)，t(15) = -2.598，p = 0.020］和限制两晚［(4.44±2.065)，t(15) = -4.118，p = 0.001］后的。

对3晚睡眠（基线晚、限制一晚、限制两晚）醒后下午的KSS反应时进行单因素重复测量方差分析，结果发现，主效应之间没有显著差异［F(2, 30) = 2.838，p = 0.074，η_p^2 = 0.159］。进一步配对T检验发现，下午的主观困意

(4.44±1.999)显著低于限制两晚之后的[(5.81±2.136),t(15)=-2.274,p=0.038],而与限制一晚之后的(5.06±1.526)没有显著差异[t(15)=-0.095,p=0.357]。

对3晚睡眠(基线晚、限制一晚、限制两晚)醒后晚上的KSS反应时进行单因素重复测量方差分析,结果发现,主效应之间差异不显著{(4.63±2.244),(5.63±1.668),(5.31±2.414),[F(2,30)=2.372,p=0.111,η_p^2=0.137]}。进一步配对T检验发现,限制一晚之后的KSS呈现出了大于基线晚的趋势[t(15)=-1.879,p=0.080]。

3.1.4.3 睡眠限制对情绪的负面影响

对3晚睡眠(基线晚、限制一晚、限制两晚)醒后上午的积极情绪和消极情绪分别进行单因素重复测量方差分析,结果发现,被试的积极情绪有显著差异[F(2,30)=3.734,p=0.036,η_p^2=0.199],进一步配对样本T检验发现,被试基线晚的积极情绪(15.06±6.97)显著高于限制一晚(12.00±7.33)之后的[t(15)=2.657,p=0.018],但与限制两晚后(12.94±4.84)的没有显著差异[t(15)=1.685,p=0.113]。消极情绪之间的主效应没有显著差异{(9±2.73,8.44±3.46,9.69±1.25),[F(2,30)=1.740,p=0.193,η_p^2=0.104]}。具体结果如图3-4所示。

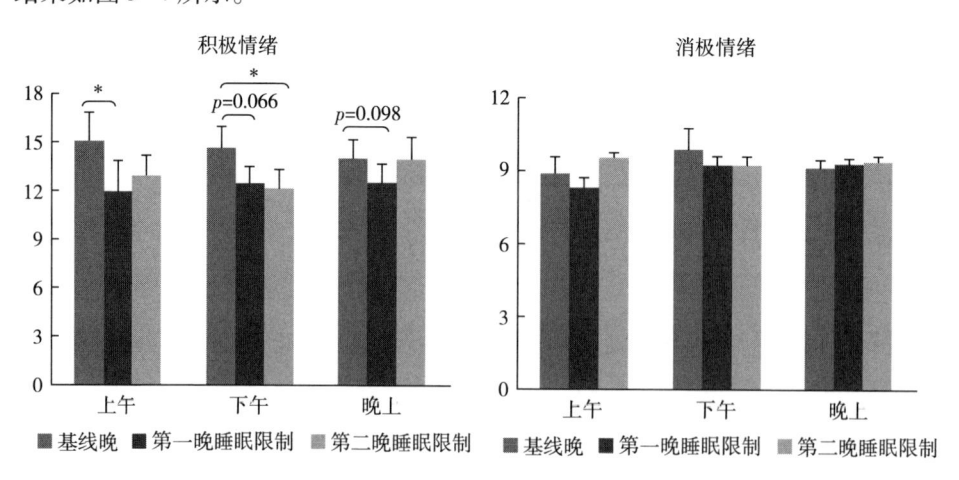

图3-4 睡眠限制对情绪的影响结果

注:*表示p<0.05。

对3晚睡眠（基线晚、限制一晚、限制两晚）醒后下午的积极情绪和消极情绪分别进行单因素重复测量方差分析，结果发现，被试的积极情绪有显著差异［F(2, 30)＝3.867，p＝0.032，η_p^2＝0.205］。进一步配对样本T检验发现，被试基线晚的积极情绪（14.63±5.43）与限制一晚之后（12.50±4.08）的没有显著差异［t(15)＝1.982，p＝0.66］，但是显著高于限制两晚之后的 {(12.19±4.49)，[t(15)＝2.265，p＝0.039]}。消极情绪的主效应没有显著差异 {(10.00±1.46，9.38±1.09，9.38±0.62)，[F(2, 30)＝2.698，p＝0.084，η_p^2＝0.152]}。

对3晚睡眠（基线晚、限制一晚、限制两晚）醒后晚上的积极情绪和消极情绪分别进行单因素重复测量方差分析，结果发现，被试的积极情绪的主效应没有显著差异 {(13.94±4.88，12.56±4.40，13.94±5.66)，[F(2, 30)＝0.000，p＝1.000，η_p^2＝0.000]}，消极情绪的主效应也没有显著差异 {(9.25±0.58，9.44±1.09，9.50±0.81)，[F(2, 30)＝1.000，p＝0.380，η_p^2＝0.063]}。

3.1.4.4 睡眠限制对风险决策的影响

本书将BART任务中的调整平均数（未爆炸气球的平均充气次数）、总充气次数、爆炸总个数作为考察指标。以睡眠条件（基线晚、限制一晚、限制两晚）作为自变量，对上午、下午及晚上的BART任务中的三个指标分别进行单因素重复测量方差分析，结果发现，上午的BART任务中，在调整平均数上，主效应没有显著差异［F(2, 30)＝1.086，p＝0.350，η_p^2＝0.068］；在气球总数上，主效应之间没有显著差异［F(2, 30)＝1.373，p＝0.269，η_p^2＝0.084］；在爆炸总个数上，主效应之间也没有显著差异［F(2, 30)＝0.250，p＝0.780，η_p^2＝0.016］。进一步配对T检验发现，两两之间均没有显著差异（all t>0.05）。下午的BART任务中，在调整平均数上，主效应之间没有显著差异［F(2, 30)＝2.544，p＝0.095，η_p^2＝0.145］；在爆炸总个数上，主效应之间没有显著差异［F(2, 30)＝3.329，p＝0.049，η_p^2＝0.182］；在气球总数上，主效应之间没有显著差异［F(2, 30)＝0.676，p＝0.516，η_p^2＝0.043］。进一步配对T检验发现，睡眠限制两晚后被试的调整平均数有大于基线晚的趋势［t(15)＝－1.857，p＝0.083］；睡眠限制两晚后赚的总钱数显著大于基线晚的［t(15)＝－2.529，p＝0.023］，同时限制两晚后赚的总钱数有大于限制一晚的趋势 [t(15)=-1.765,p=0.098]。晚上的 BART 任务中,在调整平均数上,主效应之间没有显著差异 [F(2,30)=1.083,p=0.351,η_p^2=0.067];在气球总数上,主效应之间没有显著差异 [F(2,30)=0.444,p=0.645,η_p^2=0.029];在爆炸总个数上,主效应之间也没有显著差异 [F(2,30)=0.620,p=0.545,η_p^2=0.040]。进一步配对 T 检验发现,两两之间均没有显著差异(all p>0.05),具体结果如图 3-5 和表 3-4 所示。

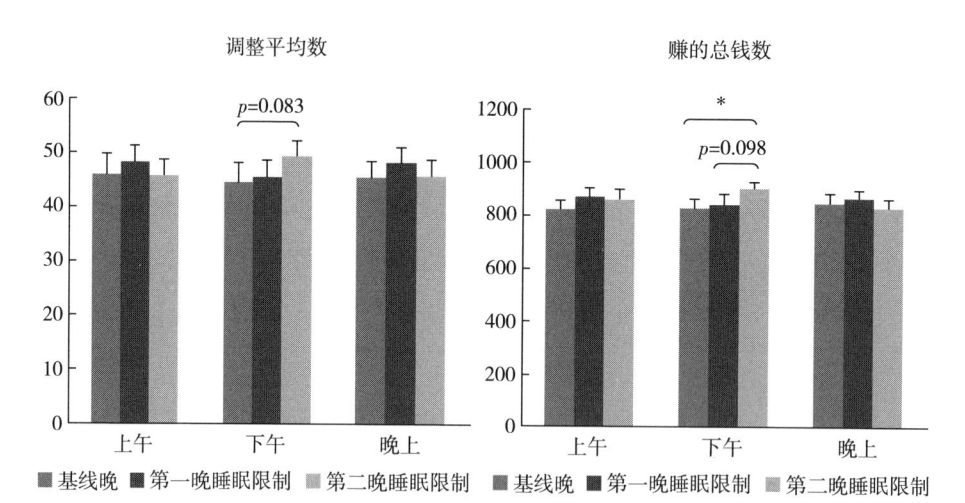

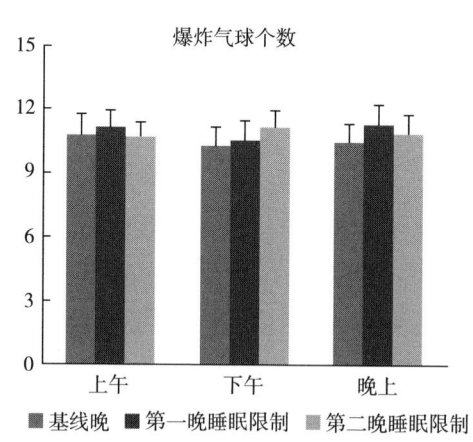

图 3-5 睡眠限制对 BART 的影响

注:*表示 p<0.05。

表 3-4　不同睡眠条件后不同时间内 BART 的平均值和标准差

	上午			下午			晚上		
	基线晚 M (SD)	限制一晚 M (SD)	限制两晚 M (SD)	基线晚 M (SD)	限制一晚 M (SD)	限制两晚 M (SD)	基线晚 M (SD)	限制一晚 M (SD)	限制两晚 M (SD)
气球总数	824.7 (152.6)	875.3 (122.6)	859.9 (152.7)	831.3 (139.9)	844.1 (157.7)	908.7 (91.6)	849.3 (146.8)	866.9 (117.7)	832.6 (137.4)
爆炸 总个数	10.81 (3.97)	11.19 (2.90)	10.75 (2.54)	10.31 (3.72)	10.56 (3.67)	11.19 (2.88)	10.50 (3.35)	11.38 (3.52)	10.88 (3.74)
调整 平均数	45.80 (15.15)	48.22 (12.36)	45.82 (11.31)	44.64 (14.11)	45.55 (13.34)	49.65 (10.24)	45.36 (12.62)	48.30 (11.01)	45.66 (12.28)

3.1.5　讨论

本书讨论了一晚的睡眠限制和两晚的睡眠限制是否会影响个体醒后一整天（包括刚醒 30 分钟、上午、下午、晚上）的警觉性、情绪及风险决策的认知表现。

在基本认知 PVT 任务上，研究发现，睡眠限制确实会降低个体的警觉性，连续两晚的睡眠限制对个体警觉性的损害要大于一晚睡眠限制的影响，尤其是在刚醒时，主效应极其显著。随着睡眠限制的增加，个体在 PVT 上的反应越来越差。而上午和晚上也呈现出这样一种趋势，即睡眠限制会降低个体的警觉性，且两晚的睡眠限制的影响要大于一晚的影响。这与本书的假设基本一致。主观睡意 KSS 结果也发现，醒后 30 分钟内，随着睡眠限制天数的增加，个体的主观感受越来越困，且达到极其显著差异。同时，醒后 30 分钟内随着时间的推移，个体报告越来越清醒，这可能与睡眠惯性有关。研究指出，由于睡眠惯性，从睡眠中醒来后，人的警觉性和在各种任务上的表现都会立即受到影响，而睡眠惯性会随着醒来时间的增加而逐渐消失（Jewett et al., 1999; McHill et al., 2019）。而在上午、下午和晚上的 KSS 主观报告中，和刚醒时一样，被试在上午的报告也出现了显著的主效应。下午和晚上虽然主效应不显著（p>0.05），但是进一步的配对 T 检验仍然发现基线晚的主观睡意显著低于或者有低于睡眠限制之后的趋势。因此，尽管有研究认为主观睡意与客观警觉性之间的结果有所差异（Agostini et al.，2016），但本书的研究仍然得到了基本一致的结果。

关于积极情绪，本书的研究结果发现，睡眠限制确实会降低个体积极情绪，并且对积极情绪的负性作用在上午和下午表现得尤为明显，均出现显著主效应；而对晚上来说，相比基线晚之后，限制一晚后的积极情绪也表现出了降低的趋势（p=0.098）。而关于消极情绪，本书的研究并没有发现显著的影响（all p>0.05）。这与前人研究结果比较一致（Talbot et al.，2010；Rossa et al.，2014）。例如，Rossa 等（2014）的研究中同样用 PANAS 量表对 19 名被试在习惯性睡眠和睡眠限制条件下的情绪进行了测量，结果也发现了积极情绪有所下降，而消极情绪没有显著变化。这可能是由于消极情绪的地板效应或者日间积极情绪和消极情绪的反应存在差异（Watson et al.，1988）。

在风险决策任务气球模拟风险任务 BART 上，本书的研究发现，下午相比基线晚，未爆气球的平均数（调整平均数）在限制一晚和限制两晚后都有一定的提高，其中限制两晚之后还呈现出了显著的趋势（p=0.083）；而在赚到的总钱数上，限制两晚之后的总钱数要显著大于基线晚的（p<0.05），且有显著大于限制一晚的趋势（p=0.098）。通过这些结果，本书可以推论，睡眠限制确实会影响个体的风险决策，且两晚的睡眠限制带来的损害可能会大于一晚睡眠限制带来的损害。这与我们的假设（睡眠限制会提高个体的决策风险，两晚睡眠限制的损害大于一晚）比较一致。

3.2 研究 1b：睡眠限制对睡眠结构的影响

3.2.1 实验目的

本实验的目的是探讨睡眠限制对睡眠结构、睡眠效率及睡眠潜伏期的影响。本书的研究假设是睡眠限制条件下，个体的睡眠效率增加、睡眠潜伏期降低、睡眠结构变化显著、慢波睡眠（N3 期）占比增加。

3.2.2 实验方法

3.2.2.1 被试

本实验的被试同研究 1a。

3.2.2.2 实验程序

本实验的实验程序同研究 1a。

3.2.2.3 实验工具

本实验的实验工具同研究 1a。

3.2.2.4 实验设计

本实验采用单因素被试内设计（适应、基线、限制一晚、限制两晚），探讨不同睡眠状态下个体的睡眠结构。研究数据使用 PSG 分析软件对睡眠数据进行分期，按照美国睡眠学会（AASM）手册的评分标准对睡眠及相关事件进行评分，每 30 秒一帧进行判读。分期结束后可以获得以下睡眠结构的参数：总睡眠时间、各个睡眠阶段（N1 期、N2 期、N3 期和快速眼动 REM 期）的时间、睡眠效率、睡眠后觉醒次数、睡眠潜伏期、REM 期睡眠潜伏期。

3.2.3 数据分析

本书使用 Excel 对数据进行整理，采用 SPSS 22.0 和 Matlab2014 对数据进行描述性分析、配对样本 T 检验、重复测量方差分析等。

3.2.4 实验结果

3.2.4.1 睡眠参数的描述性数据

本书使用 PSG 分析软件对睡眠数据进行分期，按照美国睡眠学会（AASM）手册的评分标准对睡眠及相关事件进行评分，每 30 秒一帧进行人工判读。分期结束后可以获得以下睡眠结构的参数：总睡眠时间、各个睡眠阶段（N1期、N2期、N3期和快速眼动REM期）的时间、睡眠效率、入睡后觉醒时间、睡眠潜伏期和REM期睡眠潜伏期。各指标的平均值和标准差如表3-5所示。

表3-5 各个睡眠参数的平均值和标准差

	基线晚 M	基线晚 SD	第一晚睡眠限制 M	第一晚睡眠限制 SD	第二晚睡眠限制 M	第二晚睡眠限制 SD
N1期睡眠时长	12.34	8.73	7.03	6.43	3.56	1.98
N2期睡眠时长	242.16	34.39	169.38	20.84	162.22	19.91
N3期睡眠时长	91.78	24.03	90.88	17.80	104.06	14.43
REM期睡眠时长	111.47	20.66	74.59	16.35	76.25	16.65
总睡眠时长	457.75	10.78	341.88	8.52	346.09	5.97
睡眠效率	0.954	0.022	0.954	0.020	0.961	0.167
入睡后觉醒时间	17.13	8.22	11.78	5.34	10.56	4.98
睡眠潜伏期	5.13	4.11	4.78	3.51	3.34	3.32
REM睡眠潜伏期	85.31	44.21	84.47	41.81	79.19	23.70

3.2.4.2 睡眠限制对睡眠结构的影响

对不同睡眠条件（基线晚、限制一晚、限制两晚）下各个睡眠阶段（N1期、N2期、N3期、REM期）所占整个晚上睡眠时长的比率分别进行重复测量方差分析，结果发现，不同睡眠条件下N1期所占比率之间有显著差异［$F(2,30) = 6.819$，$p = 0.004$，$\eta_p^2 = 0.313$］；进一步配对样本T检验发现，被试在基线晚中的N1期所占比率（2.70%±1.94%）显著大于睡眠限制两晚的 {(1.03%±0.57%)，[$t(15) = 3.802$，$p = 0.002$]}，第一晚睡眠限制中N1期所占比率（2.06%±1.88%）也显著大于两晚睡眠限制的［$t(15) = 2.815$，$p = 0.013$］。N2期所占比例这个指标上也有显著差异［$F(2,30) = 5.755$，$p = 0.008$，$\eta_p^2 = 0.277$］；进一步配对样本T检验发现，被试在基线晚中的N2期所占比率

(52.90%±7.46%)显著大于睡眠限制两晚的 {(46.89%±5.85%),[t(15)= 2.747,p=0.015]}。此外,基线晚有大于第一晚睡眠限制的趋势 {(49.56%± 6.06%),[t(15)=1.951,p=0.070]},一晚睡眠限制有大于两晚睡眠限制的趋势 [t(15)=2.026,p=0.061]。在N3期上所占比率差异极其显著 [F(2,30)= 38.127,p=0.000,η_p^2=0.718];进一步配对样本T检验发现,被试在基线晚中 N3期所占比率(20.05%±5.24%)显著小于睡眠限制一晚 {(26.58%± 5.11%),[t(15)= -5.652,p=0.000]} 和睡眠限制两晚的 {(30.05%± 4.09%),[t(15)= -9.236,p=0.000]},同时一晚睡眠限制中N3期所占比率也显著小于两晚睡眠限制的 [t(15)= -2.790,p=0.014]。而REM期所占比率之间没有显著差异 [F(2,30)=1.865,p=0.172,η_p^2=0.111]。具体结果如图3-6所示。

3.2.4.3 睡眠限制对睡眠效率和睡眠潜伏期的影响

对晚上的不同睡眠条件下(基线晚、限制一晚、限制两晚)的睡眠效率、入睡后觉醒时间、睡眠潜伏期和REM睡眠潜伏期分别进行重复测量方差分析。结果发现,对于睡眠效率来说,不同睡眠限制时间的主效应不显著 [F(2, 30)=1.330,p=0.280,η_p^2=0.081];对于睡眠潜伏期来说,不同睡眠限制时间的主效应不显著 [F(2,30)=2.225,p=0.126,η_p^2=0.129];对于REM睡眠潜伏期来说,不同睡眠限制时间的主效应不显著 [F(2,30)= 0.133,p=0.876,η_p^2=0.009];对于入睡后觉醒时间来说,不同睡眠限制时间的主效应极其显著 [F(2,30)=6.667,p=0.004,η_p^2=0.308]。进一步配对样本T检验发现,基线晚入睡后的觉醒时间显著小于睡眠限制一晚 [t(15)=2.450,p=0.027] 和睡眠限制两晚的 [t(15)=3.026,p= 0.009],而限制一晚和限制两晚之间没有显著差异 [t(15)=0.993,p= 0.336],具体如图3-7所示。

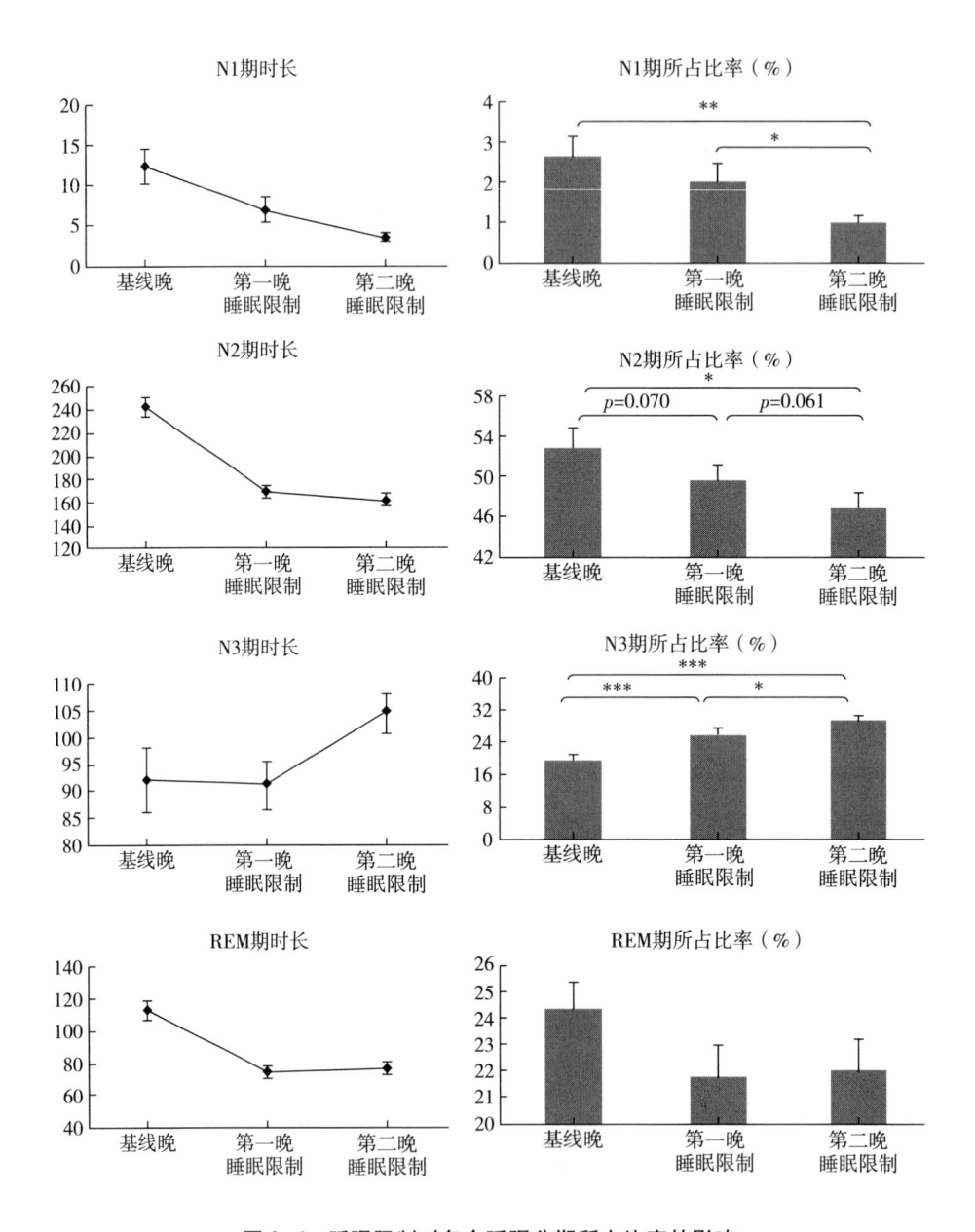

图 3-6 睡眠限制对各个睡眠分期所占比率的影响

注：*表示 p<0.05，**表示 p<0.01，***表示 p<0.001。

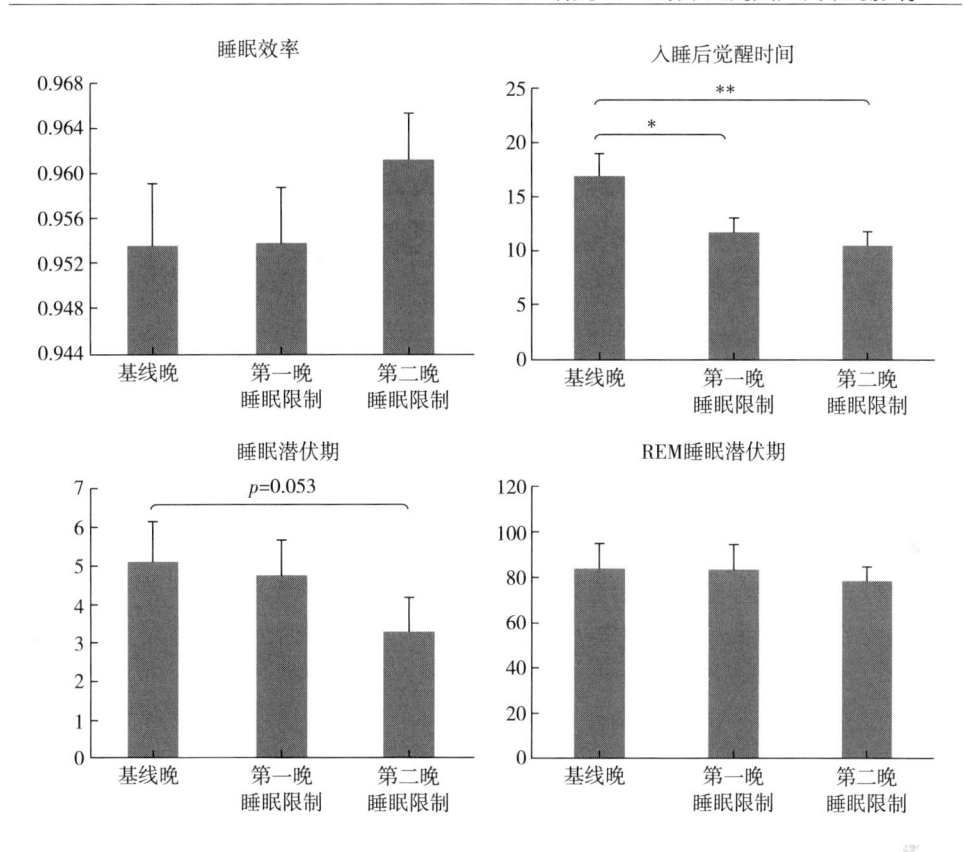

图 3-7 睡眠限制对睡眠效率、入睡后觉醒时间、睡眠潜伏期和 REM 睡眠潜伏期的影响

注：* 表示 p<0.05，** 表示 p<0.01。

3.2.5 讨论

从结果可以看出，随着睡眠限制时间的增长，个体整晚睡眠中 N1 期所占比率、N2 期所占比率均出现了显著的降低，REM 期也有降低的趋势，而 N3 期，即慢波睡眠期出现了显著的提升。这说明慢波睡眠对个体的睡眠有一定的补偿作用。而在睡眠限制之后的入睡后觉醒时间显著小于基线晚，并且第二晚的睡眠限制比第一晚的睡眠限制的趋势更大。在睡眠效率、睡眠潜伏期和 REM 睡眠潜伏期上，虽然没有出现显著的主效应，但是也表现出了随着限制时间的增长，睡眠效率逐渐上升，睡眠潜伏期和 REM 睡眠潜伏期逐渐下降的趋势。这也与 Ong 等

（2016）的研究结果比较一致，在他们的研究中，50名青少年在寄宿学校中参与了这项准实验研究。他们被随机分配为两组，一组为对照组（每晚卧床时间为9小时），另一组为睡眠限制组（每晚卧床时间为5小时）。所有被试首先接受3晚的基线睡眠（TIB＝9小时），其次是5晚的对照或者限制，最后是3晚的睡眠恢复（TIB＝9小时）。结果发现，相比对照组，睡眠限制组表现出了更短的N1期睡眠、N2期睡眠、REM期睡眠、入睡后觉醒时间，并且表现出了更高的睡眠效率。

4 研究 2：睡眠恢复的对抗作用

目前社会上存在很多睡眠不足的人群，第 2 章的研究结果显示，睡眠限制确实会引起个体警觉性的下降、工作记忆能力的下降、抑制控制能力的下降和风险决策的提升，同时会导致个体积极情绪的下降。此外，睡眠限制也会引起 N1 期、N2 期、REM 期时长所占整晚的比率的下降和 N3 期时长所占比率的上升，同时，导致睡眠效率提高、入睡后觉醒时间下降、睡眠潜伏期下降、REM 睡眠潜伏期下降。由于睡眠限制人群的普遍性，如何消除睡眠限制的这些负性影响变得尤为重要。前人研究发现，睡眠恢复（尤其是周末补觉）可以在一定程度上减少睡眠不足带来的负面影响，但并不是所有的研究结果都支持这一结论。长期的睡眠不足或许会带来一定的睡眠负债，导致睡眠恢复也无法将睡眠不足带来的损害消除直至恢复到基线水平。本章拟以健康青年群体为研究对象，探讨睡眠恢复是否可以消除短期睡眠限制引起的负性影响。同时进一步探讨睡眠恢复条件下对睡眠结构的影响。因此，研究 2a 主要关注睡眠恢复在行为层次上对睡眠限制负性作用的缓冲，而研究 2b 主要探讨睡眠恢复在生理层次上对睡眠限制负性作用的缓冲。

4.1 研究 2a：睡眠恢复对风险决策的对抗作用

4.1.1 实验目的

本实验的目的是探讨 10 小时的睡眠恢复能否缓解两晚的睡眠限制对个体警

觉性、情绪及风险决策的负性影响。

4.1.2 实验方法

4.1.2.1 被试

经过严格的筛选步骤后，共有16名被试（9男7女）参与该实验，被试筛选标准同研究1a，被试基本信息如表3-1所示。所有被试在了解了实验具体内容和注意事项之后均签署了知情同意书，并在实验结束后得到一定的报酬。

4.1.2.2 实验程序

实验前对符合筛选标准的被试进行一周的基线测量，即正式实验开始前一周每个被试需佩戴体动记录仪对个人的睡眠周期、日常活动、光照情况等进行时时记录和监控，并要求每个被试完成当天的睡眠日志，共记录7天。研究人员会根据被试反馈来的睡眠日志和体动记录仪的数据，确定其睡眠是否规律，最终确定是否可以参加实验。

正式实验中，每个被试需在睡眠实验室休息5晚（适应一晚、基线一晚、限制一晚、限制两晚、睡眠恢复），其中适应晚上睡眠9小时，基线晚上睡眠8小时，睡眠限制两晚睡眠6小时，睡眠恢复晚上睡眠10小时。每天晚上根据被试的睡眠时间提前3小时（洗漱+安装PSG+完整认知任务+KSS和PANAS问卷填写）到达睡眠实验室。经过晚上睡眠，第二天早上醒来之后约3小时（KSS问卷填写+10分钟PVT+20分钟休息间隔填写KSS+完整的认知任务+取下PSG+洗漱时间）方可离开实验室。下午3点再次来到实验室，完成完整的认知任务KSS和PANAS问卷填写之后方可离开，晚上睡前3小时再次来实验室。实验期间禁止看手机、iPad等一切自发光电子设备。具体实验流程如图4-1所示。

4.1.2.3 实验任务

实验任务同研究2，包括客观警觉性PVT、主观睡意KSS、BART、情绪量表PANAS。

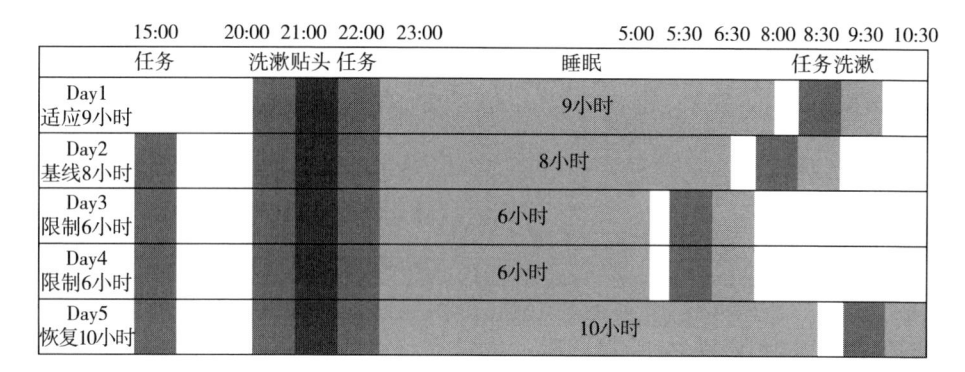

图 4-1 研究 2a 的实验流程

4.1.2.4 实验设计

本书采用单因素被试内设计（基线、限制两晚、恢复一晚），探讨睡眠恢复对两晚睡眠限制对个体警觉性、情绪及风险决策的负性作用的缓冲作用。为了进一步了解睡眠恢复在哪个时间段对个体影响最大，本实验在被试刚醒时（醒后 30~70 分钟），及晚上睡前均对其认知功能及情绪进行了测量。本研究的假设为：两晚睡眠限制后，一晚的睡眠恢复能够显著地提高个体的认知表现。

4.1.3 数据分析

使用 Excel 对所有数据进行整理，采用 SPSS 22.0 和 Matlab2014 对数据进行描述性分析、配对样本 T 检验、重复测量方差分析等。

4.1.4 实验结果

4.1.4.1 睡眠恢复对客观警觉性 PVT 的缓冲作用

对三晚睡眠（基线晚、限制两晚、恢复晚）刚醒时的 PVT 反应时进行单因素重复测量方差分析，结果发现，不同睡眠时间醒后 30 分钟的 PVT 反应时有显著差异 [$F(2, 30) = 10.717$, $p = 0.000$, $\eta_p^2 = 0.417$]。进一步配对 T 检验发现，基线晚的反应时（456.06 ± 102.132）显著低于限制两晚之后（574.90 ±

201.073），[t(15)=-4.012，p=0.001]，与恢复晚（431.73±50.896）之间没有显著差异 [t(15)=1.139，p=0.272]，恢复晚的反应时显著低于限制两晚的反应时 [t(15)=3.240，p=0.005]。

对三晚睡眠（基线晚、限制两晚、恢复晚）醒后30分钟的PVT反应时进行重复测量方差分析，结果发现，不同时间醒后的PVT反应时之间没有显著差异 [$F_{(2, 30)}=2.793$，p=0.066，$\eta_p^2=0.165$]。进一步配对样本T检验发现，相比基线晚（427.55±70.96），限制两晚之后（704.46±606.68）被试的反应时有增加的趋势 [t(15)=-1.882，p=0.079]。

4.1.4.2 睡眠恢复对主观睡意KSS的缓冲作用

刚醒后30分钟内共测试KSS 6次，测试时间分别为醒后0分钟、10分钟、15分钟、20分钟、25分钟和30分钟。对三晚睡眠（基线晚、限制两晚、恢复晚）和6次测试时间进行重复测量方差分析，结果发现，不同睡眠时间晚主效应显著 [$F_{(2, 30)}=28.985$，p=0.000，$\eta_p^2=0.659$]，测试时间主效应显著 [$F_{(2, 30)}=41.315$，p=0.000，$\eta_p^2=0.734$]，二者之间没有显著的交互作用 [$F_{(2, 30)}=1.818$，p=0.062，$\eta_p^2=0.108$]。事后检验比较发现，睡眠限制两晚后的反应时显著高于基线晚（p=0.000）和恢复晚之后（p=0.000），同时恢复晚的反应时甚至比基线晚显著降低（p=0.000）；进一步配对T检验发现，不管在T1~T6哪个时间段上，都存在限制两晚后显著高于基线晚和恢复晚的反应时的结果（all p<0.05）。测试时间上，除了T2与T3之间没有显著差异（p=0.053）之外，其他测试时间之间均存在显著差异（all p<0.05），即随着醒后时间的增长，KSS值显著下降。具体结果如表4-1和图4-2所示。

表4-1 醒后30分钟内KSS值

	T1		T2		T3		T4		T5		T6	
	M	SD	M	SD	M	SD	M	SD	M	SD	M	SD
Baseline	5.81	1.642	4.94	1.569	4.56	1.711	3.94	1.181	3.50	0.816	3.13	0.957
2nd restriction	7.00	1.414	5.81	1.870	5.44	1.504	4.94	1.611	4.31	1.621	4.06	1.652
Sleep recovery	4.38	1.586	3.44	1.263	2.94	1.063	2.94	1.063	2.75	0.856	2.63	0.957

4 研究2：睡眠恢复的对抗作用

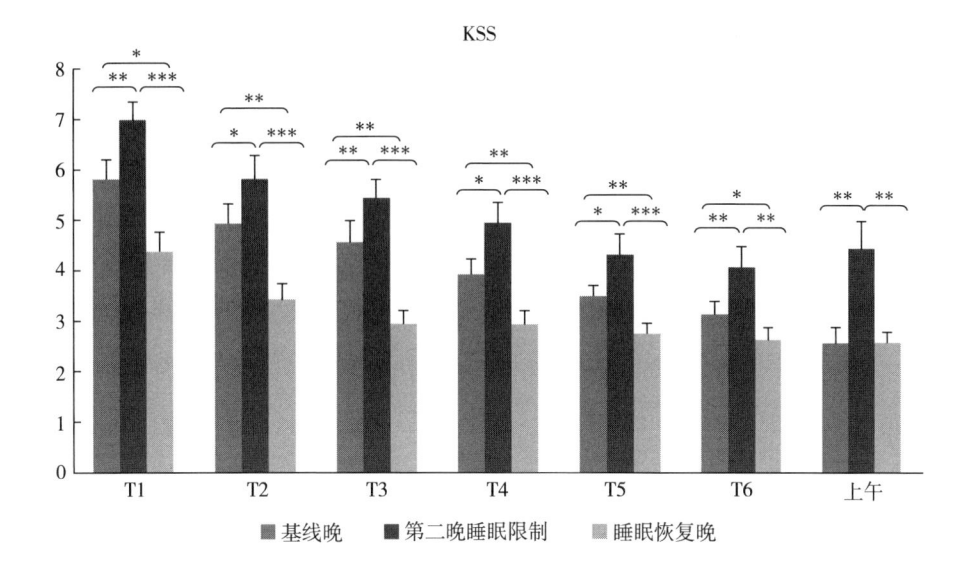

KSS

图4-2 睡眠恢复对KSS的对抗作用

注：＊表示p<0.05，＊＊表示p<0.01，＊＊＊表示p<0.001。

对三晚睡眠（基线晚、限制一晚、限制两晚）醒后上午的KSS进行重复测量方差分析，结果发现，主效应之间显著差异[F(2, 30)= 13.889，p=0.000，η_p^2=0.481]。事后配对检验发现，基线晚醒后70分钟的主观困意（2.56±1.263）显著低于限制两晚之后[（4.44±2.065），t(15)= -4.118，p=0.001]，而与恢复晚之间（2.56±0.814）没有显著差异[t(15)= 0.000，p=1.000]。而睡眠限制两晚之后的KSS显著高于睡眠恢复晚[t(15)= 4.038，p=0.001]。

4.1.4.3 睡眠恢复对情绪的缓冲作用

对三晚睡眠（基线晚、限制两晚、恢复晚）醒后70分钟的积极情绪和消极情绪进行重复测量方差分析，结果发现，不同睡眠条件醒来之后70分钟的被试的积极情绪有显著差异[F(2, 30)= 4.300，p=0.023，η_p^2=0.223]，进一步配对T检验发现，被试基线晚的积极情绪（15.06±6.97）与限制两晚（12.94±4.84）之后没有显著差异[t(15)= 1.685，p=0.113]，与恢复晚（16.63±7.247）的积极情绪之间也没有显著差异[t(15)= -1.124，p=0.279]，但是限制两晚之后的积极情绪显著低于恢复晚的积极情绪[t(15)= -3.290，p=

0.005〕。消极情绪之间没有显著差异 {(9.00±2.73, 9.69±1.25, 9.38±0.89), [$F(2, 30) = 0.895$, $p = 0.419$, $\eta_p^2 = 0.056$]}。具体结果如图4-4所示。

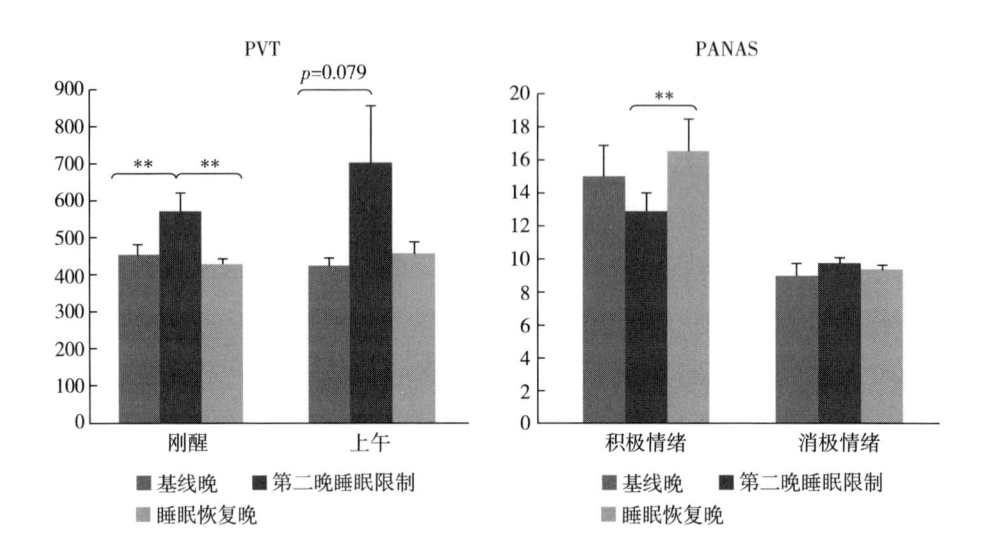

图 4-4 睡眠恢复对PVT和情绪的对抗作用

注：** 表示 $p<0.01$。

4.1.4.4 风险决策——BART任务

本书将BART任务中的调整平均数（未爆炸气球的平均充气次数）、充气总次数、爆炸总个数作为考察指标。以睡眠条件（基线晚、限制两晚、恢复晚）作为自变量，对上午的BART的三个指标分别进行重复测量方差分析。结果发现：在调整平均数上，睡眠条件的主效应之间没有显著差异 {(45.80±15.15), (45.82±11.31), (47.25±13.41), [$F(2, 30) = 0.626$, $p = 0.542$, $\eta_p^2 = 0.040$]}。在总的气球数上，睡眠条件的主效应之间没有显著差异 {(824.7±152.55), (859.9±152.68), (865.8±148.10), [$F(2, 30) = 1.402$, $p = 0.262$, $\eta_p^2 = 0.085$]}。在总的爆炸个数上，睡眠条件的主效应之间没有显著差异 {(10.81±3.97), (10.75±2.54), (10.88±3.41), [$F(2, 30) = 0.035$, $p = 0.966$, $\eta_p^2 = 0.002$]}。具体结果如图4-5所示。

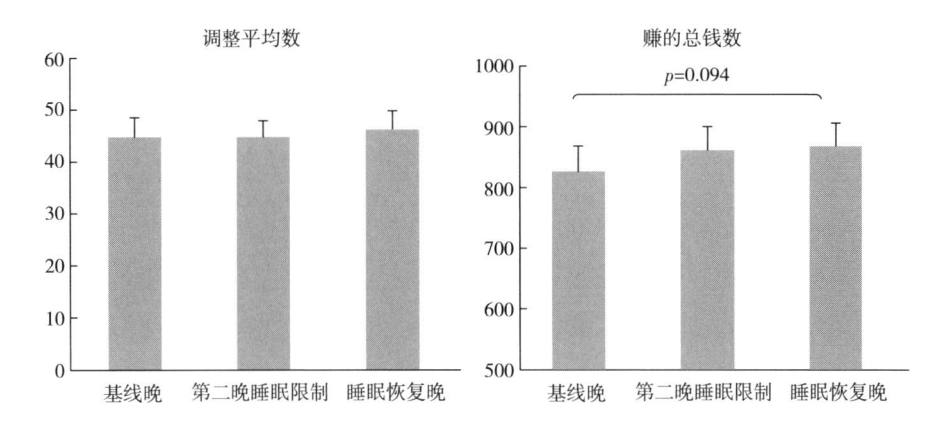

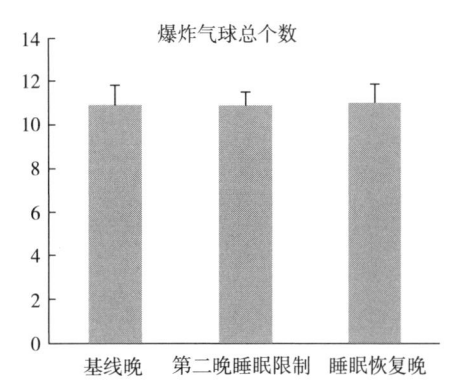

图 4-5 睡眠恢复对 BART 的对抗作用

4.1.5 讨论

本研究根据研究 1a 的结论（睡眠限制会损害个体的警觉性、工作记忆及抑制控制能力，降低个体的积极情绪，提高个体的风险决策，且 2 天睡眠限制的负性影响要大于 1 天）进一步讨论睡眠限制的对抗因素——睡眠恢复。研究假设睡眠恢复部分可以缓解睡眠限制对警觉性、工作记忆力、情绪、抑制控制能力、风险决策的负性影响。

在警觉性任务 PVT 上，本研究结果发现，刚醒 30 分钟内，睡眠恢复晚的平均反应时显著低于睡眠限制两晚之后，且与基线晚的反应时之间没有显著差异。而醒后 30 分钟之后，被试的恢复晚的 PVT 的认知表现也出现了低于睡眠限制两晚的趋势，同时与基线晚的反应时之间没有显著差异。主观睡意 KSS 的研究结果发现，在刚醒 30 分钟内和上午时段，睡眠恢复晚的主观困意均低于睡眠限制两晚之后（all p<0.05），甚至低于基线晚的主观困意（除上午时段外，all p<0.05）。这与客观警觉性 PVT 的结果及本书的假设一致，即睡眠恢复可以对抗睡眠限制引起的警觉性下降的负性影响。而关于睡眠恢复后被试报告比基线晚时更加清醒的原因可能是因为 10 小时睡眠醒后被试已经逐渐清醒，过了睡眠惯性的那个阶段，而人在刚醒时睡眠惯性会维持 30 分钟左右，这个阶段人比较困意（Trotti, 2016）。

通过情绪 PANAS，本研究结果发现，相比两晚的睡眠限制，睡眠恢复后被试的积极情绪显著提高（p>0.01），且与基线晚的积极情绪之间没有显著差异。而睡眠限制或者恢复与否，对消极情绪的影响似乎并不是很大（all p>0.05）。因此，总体来说，睡眠恢复对睡眠限制引起的积极情绪下降有一定的缓冲作用，而对消极情绪没有显著的改善作用。这与研究 1a 的结果比较一致，即睡眠时长与积极情绪显著相关，而与消极情绪之间没有显著差异。

在风险决策任务气球模拟风险任务 BART 上，本研究发现，睡眠不足或睡眠时长的增加都不太能够在上午阶段改变个体的风险决策。这与我们的假设结果（与两晚的睡眠限制相比，睡眠恢复可以降低个体的风险决策）不太一致。我们同时发现，睡眠恢复后赚的总钱数出现了高于基线晚的趋势（p=0.094），也可能是由于练习因素造成的。风险决策是一个复杂的过程，受情境特征、补偿方式、年龄、性别等多种因素影响（Figner & Weber, 2011; Ferrey & Mishra, 2014; Deuter et al., 2017; Mao et al., 2018）。而睡眠时长这一变量似乎不是一个影响决策的敏感指标。

因此，睡眠恢复可以缓解睡眠限制引起的警觉性、工作记忆能力、积极情绪及抑制控制能力的降低这些负性影响，而对消极情绪和风险决策的影响不大。

4.2 研究 2b：睡眠恢复对睡眠结构的影响

4.2.1 实验目的

本实验的目的是探讨睡眠恢复对睡眠结构、睡眠效率及睡眠潜伏期的影响。

本实验的假设是两晚睡眠限制之后，相比基线，睡眠潜伏期降低、睡眠效率提高、睡眠结构变化显著、慢波睡眠（N3 期）占比增加。

4.2.2 实验方法

4.2.2.1 被试

本实验的被试同研究 2a。

4.2.2.2 实验程序

本实验的实验程序同研究 2a。

4.2.2.3 实验工具

本实验的实验工具同研究 2a。

4.2.2.4 实验设计

本实验采用单因素被试内设计（适应晚/基线晚/限制第一晚/限制第二晚/恢复晚），探讨不同睡眠状态下个体的睡眠结构。研究数据使用 PSG 分析软件对睡眠数据进行分期，评分标准按照美国睡眠学会（AASM）手册为睡眠及相关事件评分所设定的标准进行，每 30 秒一帧进行判读。分期结束后可以获得以下睡眠结构的参数：总睡眠时间、各个睡眠阶段（N1 期、N2 期、N3 期和快速眼动 REM 期）的睡眠时长及其在整晚的睡眠中所占的比率、睡眠效率、睡眠后觉醒次数、睡眠潜伏期、REM 期睡眠潜伏期等。

4.2.3 数据分析

使用 Excel 对数据进行整理，采用 SPSS22.0 和 Matlab2014 对数据进行描述性分析、配对样本 T 检验、重复测量方差分析等。

4.2.4 实验结果

4.2.4.1 睡眠参数的描述性数据

使用PSG分析软件对睡眠数据进行分期，按照美国睡眠学会（AASM）手册为睡眠及相关事件评分所设定的标准进行，每30秒一帧进行判读。分期结束后可以获得以下睡眠结构的参数：总睡眠时间、各个睡眠阶段（N1期、N2期、N3期和快速眼动REM期）的时间、睡眠效率、入睡后觉醒时间、睡眠潜伏期和REM期睡眠潜伏期。各指标的平均值和标准差如表4-2所示。

表4-2 各个睡眠参数的平均值和标准差

	基线晚 M	基线晚 SD	第二晚睡眠限制 M	第二晚睡眠限制 SD	恢复晚 M	恢复晚 SD
N1期睡眠时长	12.34	8.73	3.56	1.98	11.47	9.13
N2期睡眠时长	242.16	34.39	162.22	19.91	277.66	45.86
N3期睡眠时长	91.78	24.03	104.06	14.43	106.81	19.95
REM期睡眠时长	111.47	20.66	76.25	16.65	163.66	37.60
总睡眠时长	457.75	10.78	346.09	5.97	559.59	36.57
睡眠效率	0.954	0.022	0.961	0.167	0.933	0.610
入睡后觉醒时间	17.13	8.22	10.56	4.98	37.19	35.94
睡眠潜伏期	5.13	4.11	3.34	3.32	3.22	2.17
REM睡眠潜伏期	85.31	44.21	79.19	23.70	79.19	31.20

4.2.4.2 睡眠恢复对睡眠结构的影响

对不同睡眠条件（基线晚、限制两晚、恢复晚）下各个睡眠阶段（N1期、N2期、N3期、REM期）所占整个晚上睡眠时长的比率分别进行重复测量方差分析。结果发现，不同睡眠条件下N1期所占比率之间有显著差异［$F(2, 30)=7.918$，$p=0.002$，$\eta_p^2=0.345$］；进一步配对样本T检验发现，恢复当晚被试的

N1 期所占比率（2.06%±1.70%）和基线晚（2.70%±1.94%）之间没有显著差异 [t(15) = 1.513，p = 0.151]，且均显著小于第二晚睡眠限制 {(1.03%±0.58%)，[t(15) = -3.802，p = 0.002]，[t(15) = -2.522，p = 0.023]}。N2 期所占比例上也有显著差异 [F(2, 30) = 4.768，p = 0.016，η_p^2 = 0.241]；进一步配对样本 T 检验发现，恢复当晚被试的 N2 期所占比率（49.70%±7.86%）和基线晚（52.91%±7.46%）之间没有显著差异 [t(15) = 1.527，p = 0.148]，且有大于第二晚睡眠限制的趋势 {(46.89%±5.85%)，[t(15) = -1.896，p = 0.077]}。在 N3 上所占比率上差异极其显著 [F(2, 30) = 59.240，p = 0.000，η_p^2 = 0.798]；进一步配对样本 T 检验发现，恢复当晚被试的 N3 期所占比率（19.13%±3.49%）和基线晚（20.05%±5.24%）之间没有显著差异 [t(15) = 0.765，p = 0.456]，且均显著小于第二晚睡眠限制 {(30.05%±4.09%)，[t(15) = -9.236，p = 0.000]，[t(15) = 10.494，p = 0.000]}。而 REM 期所占比率之间有显著差异 [F(2, 30) = 11.559，p = 0.000，η_p^2 = 0.435]，进一步配对样本 T 检验发现，被试基线晚和限制第二晚的 REM 期所占比率 [(24.33%±4.31%)，(22.01%±4.70%)] 均显著小于恢复晚 {(29.11%±5.90%)，[t(15) = -3.165，p = 0.006]，[t(15) = -5.401，p = 0.000]}。具体结果如图 4-6 所示。

4.2.4.3 睡眠恢复对睡眠效率和睡眠潜伏期的影响

对晚上的不同睡眠条件下（基线晚、睡眠限制两晚、恢复晚）的睡眠效率、入睡后觉醒时间、睡眠潜伏期和 REM 睡眠潜伏期分别进行重复测量方差分析。结果发现，对于睡眠效率来说，不同睡眠时间的主效应不显著 [F(2, 30) = 3.193，p = 0.055，η_p^2 = 0.176]，进一步配对样本 T 检验发现，睡眠限制两晚的睡眠效率边缘显著大于恢复晚 [t(15) = 1.902，p = 0.077]；对于睡眠潜伏期来说，不同睡眠时间的主效应显著 [F(2, 30) = 3.612，p = 0.039，η_p^2 = 0.194]，进一步配对样本 T 检验发现，基线晚的睡眠潜伏期边缘显著大于显著睡眠限制第二晚 [t(15) = 2.101，p = 0.053] 和恢复晚 [t(15) = 2.117，p = 0.051]；对于 REM 睡眠潜伏期来说，不同睡眠时间的主效应不显著 [F(2, 30) = 0.161，p = 0.852，η_p^2 = 0.011]；对于入睡后觉醒时间来说，不同睡眠时间的主效应极其显

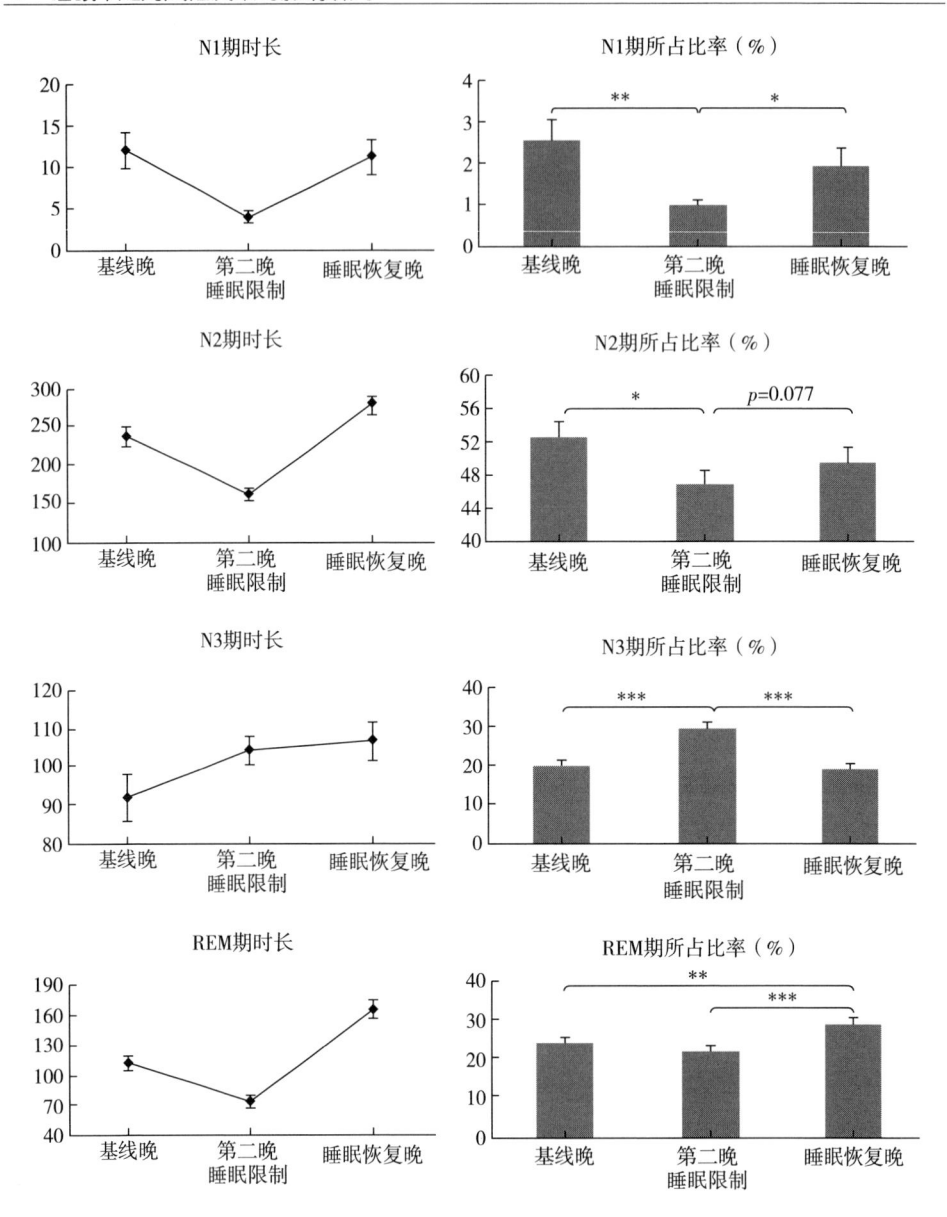

图 4-6 睡眠恢复对各个睡眠分期所占比率的影响

注：*表示p<0.05，**表示p<0.01，***表示p<0.001。

著[F(2, 30) = 7.181，p = 0.003，η_p^2 = 0.324]，进一步配对样本 T 检验发现，基线晚入睡后的觉醒时间显著大于睡眠限制第二晚[t(15) = 3.026，p = 0.009]，

小于恢复晚 [t(15)=-2.398,p=0.030],而限制两晚的入睡后觉醒时间也显著小于恢复晚 [t(15)=-2.870,p=0.012]。具体如图4-7所示。

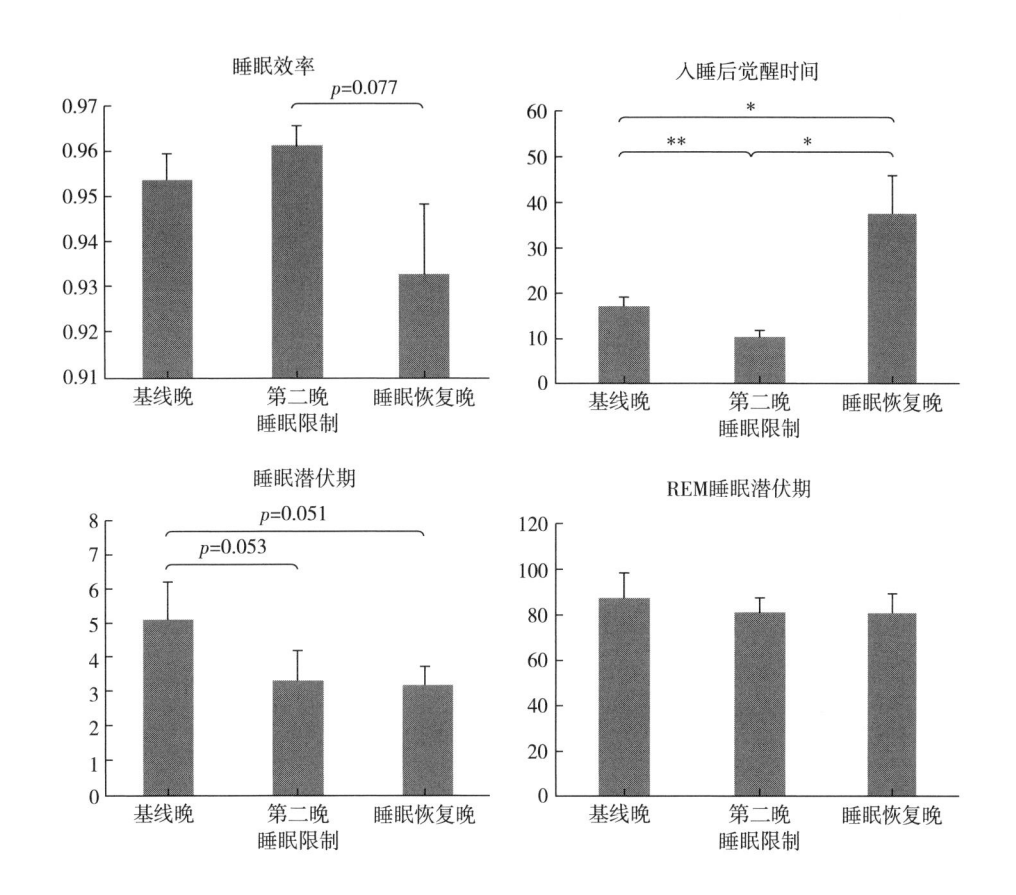

图 4-7 睡眠恢复对睡眠效率、入睡后觉醒时间和 REM 睡眠潜伏期的影响

注：* 表示 p<0.05，** 表示 p<0.01。

4.2.5 讨论

从结果可以看出，两晚睡眠限制之后，被试的 N1 期和 N2 期所占比率显著下降，N3 期所占比率显著上升，而一晚的睡眠恢复之后，个体的 N1 期、N2 期和 N3 期的睡眠结构能够恢复到基线阶段。值得注意的是，睡眠恢复之后，个体的 REM 期的比率出现了一个上升的阶段。这可能是由于总睡眠时间增长，睡眠周期变多，从而导致快速眼动期所占比率增大。同时，睡眠效率在睡眠限制后有提高的趋势，睡眠恢复后则呈现出下降的趋势。入睡后觉醒时间、睡眠潜伏期和REM睡眠潜伏期也均在睡眠限制后下降，在睡眠恢复后呈升高的趋势。且这种趋势在入睡后觉醒时间这一指标上尤为突出，达到了显著的水平。这与Ong等（2016）的研究结果比较一致，Ong等发现，相比于睡眠对照组，睡眠限制组的被试在接受睡眠恢复之后，表现出了更高的睡眠效率。

5 研究3：黎明模拟光的对抗作用

　　睡眠限制引起的认知和情绪的危害是一个很重要的议题。如何消除或者对抗这种负向影响具有很强的现实意义。而综述近些年的研究，我们发现，光照的暴露可以作为一种抗衡认知损害的对抗手段（Cajochen et al.，2011；Chellappa et al.，2011）。这些光的即时作用因为偏离了传统的视锥细胞和视杆细胞对光的反应，所以通常被称为非视觉效应或非图像形成效应。短波长的光通过包含黑视素的新型感光细胞所产生的非视觉效应强烈影响人的昼夜节律计时系统（Berson et al.，2002；Smith et al.，2009）。在正电子发射断层扫描 PET 和功能性磁共振成像（fMRI）技术研究中发现，光照暴露条件下，会产生对认知任务的特定的皮质反应，个体警觉性和认知任务均会提高（Vandewalle et al.，2009）。然而，家庭使用和工作环境中使用的光的剂量（强度和持续时间）、时间和光的波长很难定义，可能严重依赖于环境和个体因素。Gabel 等（2013）发现，在觉醒前，逐渐增加的光照可以抵消睡眠限制对幸福感和认知能力的影响，导致一种最佳水平的警觉性，这就会影响到特定的认知任务的表现，而这些认知任务与持续的注意力水平密切相关（Gabel et al.，2013）。但是大多数的效应可以在睡眠限制的第一晚发现，但是经过两晚的睡眠限制之后就会消失，可能是由于睡眠压力的增加（Gabel et al.，2015）。

　　因此，本章拟设计被试内实验，全面探讨黎明模拟光（黎明模拟光 vs. 无光）对睡眠限制（限制一晚 vs. 限制两晚）引起的负性影响。研究 3a 重点关注黎明模拟光对睡眠限制引起的行为层面上的负性作用的缓冲，研究 3b 重点探讨黎明模拟光对睡眠限制引起的生理层面上的作用的缓冲。

5.1 研究 3a：黎明模拟光对风险决策的对抗作用

5.1.1 实验目的

本实验的总体目的是研究睡眠限制后的黎明模拟光是否会根据认知领域的不同而提高性能，以及这些影响是否会持续一整天。

5.1.2 实验方法

5.1.2.1 被试

被试筛选标准及工具同研究 1a。经过严格的筛选，共有 13 名（5 男 8 女）被试符合要求，参与了该实验。实验之前一周，根据体动记录仪数据和睡眠日志数据，被试的睡觉时间为 11：40±17 分钟，起床时间为 7：30±15 分钟，睡眠时长为 7.84±0.24 小时；被试的睡眠品质（很差为 1 分，很好为 5 分）为 3.25±1.52 小时，白天精神（很差为 1 分，很好为 5 分）为 3.49±1.50 小时。表明实验前，被试的睡眠比较规律，睡眠时长、睡眠品质和白天精神均为良好。被试具体信息如表 5-1 所示。

表 5-1 研究 3a 的被试基本信息

	最小值	最大值	平均值	标准差
年龄（岁）	18	22	19.54	0.97
BMI（kg/m^2）	18.52	23.01	20.10	1.52
MEQ	42	58	53.08	5.24
GHQ	15	20	18.69	1.75
SAS	29	40	35.00	3.37

续表

	最小值	最大值	平均值	标准差
PSQI	0	5	2.85	1.86
BDI	0	5	2.38	2.14

5.1.2.2 实验程序

实验前对符合筛选标准的被试进行一周的基线测量，即正式实验开始前一周每个被试需佩戴体动记录仪对个人的睡眠周期、日常活动、光照情况等进行实时记录和监控，并要求每个被试完成当天的睡眠日志，共记录7天。研究人员会根据被试填写的睡眠日志和体动记录仪的数据，确定其睡眠是否规律，最终确定是否可以参加实验。

正式实验中，每个被试需在睡眠实验室休息7个晚上［第一次：适应一晚、基线一晚、第一晚的睡眠限制（有DSL或无DSL）、第二晚的睡眠限制（有DSL或无DSL）；第二次：基线一晚、第一晚的睡眠限制（有DSL或无DSL）、第二晚的睡眠限制（有DSL或无DSL）］。其中适应晚上睡眠9小时，基线晚上睡眠8小时，睡眠限制两晚睡眠6小时，睡眠恢复10小时。每天晚上根据被试的睡眠时间提前3小时（洗漱+安装PSG+完整认知任务+KSS和PANAS问卷填写）到达睡眠实验室。经过晚上睡眠，第二天早上醒来之后约3小时（KSS问卷填写+10分钟PVT+20分钟休息间隔填写KSS+完整的认知任务+取下PSG+洗漱时间）方可离开实验室。下午3点再次来到实验室，完成完整的认知任务KSS和PA-NAS问卷填写之后方可离开，等晚上睡前3小时再次来实验室。适应晚的目的是熟悉实验流程和认知任务，适应睡眠环境，同时消除睡眠负债。基线晚的目的测量任务的基线水平，确定正常睡眠/睡眠限制的上床时间点。睡眠限制属于实验条件。实验期间禁止看手机、iPad等一切自发光电子设备。具体实验流程如图5-1所示。

5.1.2.3 实验任务

实验任务同研究2。

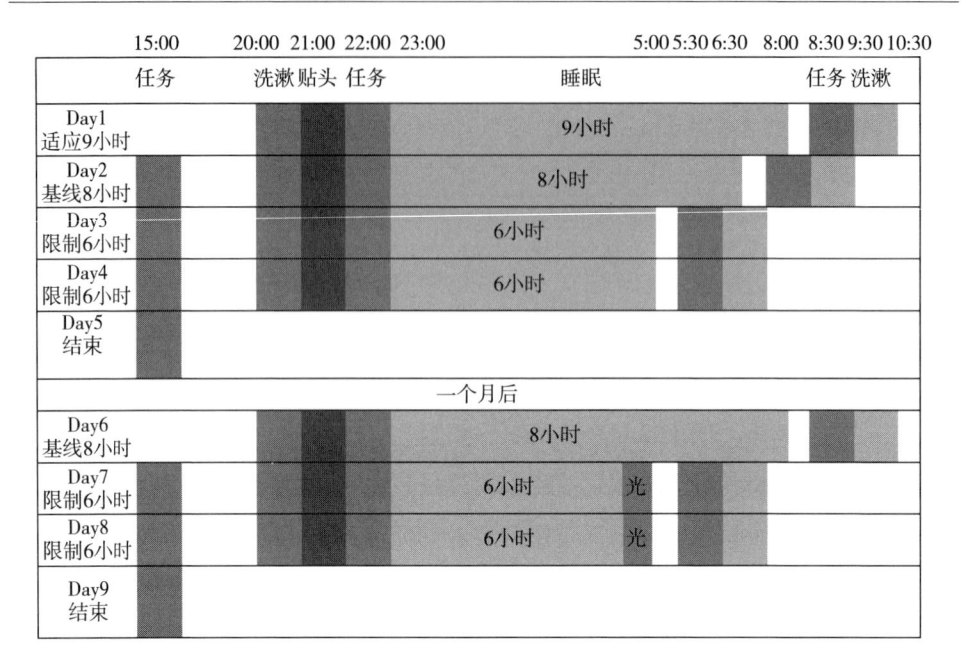

	15:00	20:00 21:00 22:00 23:00		5:00 5:30 6:30	8:00 8:30 9:30 10:30
	任务	洗漱贴头 任务	睡眠		任务 洗漱
Day1 适应9小时			9小时		
Day2 基线8小时			8小时		
Day3 限制6小时			6小时		
Day4 限制6小时			6小时		
Day5 结束					
		一个月后			
Day6 基线8小时			8小时		
Day7 限制6小时			6小时	光	
Day8 限制6小时			6小时	光	
Day9 结束					

图 5-1 研究 3a 的实验流程

5.1.2.4 实验设计

本实验采用 2（限制时间：限制一晚 vs. 限制两晚）×2（光照条件：无光 vs. 黎明模拟光）被试内设计，探讨黎明模拟光是否可以对抗一晚和两晚睡眠限制的负性作用。实验会在被试的睡眠时间前一晚设置好灯光的参数，使其在第二天早上被试醒来之前的半小时开始自动亮起来，逐步从 0 勒克斯动态地达到 250 勒克斯，模拟太阳升起的过程。黎明模拟光的光谱图如图 5-2 所示。为了进一步了解睡眠限制在哪个时间段对个体影响最大，本实验在被试刚醒时，醒后 30 分钟、15：00 及 22：00 对被试的认知功能及情绪进行了测量。本研究的假设为：相比正常睡眠，第一晚的睡眠限制后，黎明模拟光的条件下个体反应与无光条件下个体反应有显著差异，个体在黎明模拟光条件下的认知表现要好于无光条件下；但两晚睡眠限制后，黎明模拟光和无光组的表现没有显著差异。

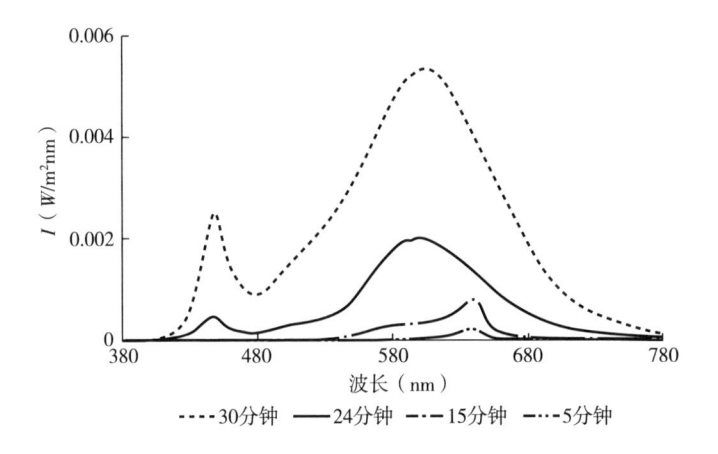

图 5-2 黎明模拟光的光谱图

5.1.3 数据分析

使用 Excel 对所有数据进行整理，采用 SPSS 22.0 和 Matlab2014 对数据进行描述性分析、配对样本 T 检验、重复测量方差分析等。

5.1.4 实验结果

5.1.4.1 黎明模拟光个体认知和情绪的缓冲作用

对第一晚睡眠限制（伴随着黎明模拟光的对抗作用）和基线晚醒后上午个体的基本认知（警觉性、工作记忆）、高级认知（风险决策、抑制控制）、主观困意和情绪的表现进行配对样本 T 检验。结果发现，经过一晚的睡眠限制后，黎明模拟光能够将个体的工作记忆、风险决策、抑制控制、消极情绪及主观困意恢复到基线水平。同时发现，一晚的睡眠限制后，即使有黎明模拟光的对抗作用，PVT 刚醒时和上午时段的反应时相比基线也有显著上升 [$t(12) = -2.510$, $p = 0.027$; $t(12) = -2.473$, $p = 0.029$]。除去客观警觉性外，积极情绪相比基线也有显著的下降 [$t(12) = 2.669$, $p = 0.020$]。具体结果如表 5-2 所示。

表 5-2　一晚限制后黎明模拟光对个体认知和情绪的缓冲作用

	M（SD）		t	p
	基线	睡眠限制一晚之后		
PVT				
刚醒时反应时	**426.03（46.68）**	**486.87（118.93）**	**−2.510**	**0.027**
上午时反应时	**422.90（55.06）**	**513.79（159.61）**	**−2.473**	**0.029**
KSS	3.62（1.33）	4.00（2.04）	−0.562	0.584
PANAS				
积极情绪	**16.00（6.12）**	**13.31（5.38）**	**2.669**	**0.020**
消极情绪	9.85（1.68）	9.85（2.300）	0.000	1.000
BART				
调整平均数	46.75（11.59）	48.36（11.99）	−0.457	0.656
赚的总钱数	869.15（99.58）	856.69（159.49）	0.272	0.791
爆炸气球个数	10.69（3.28）	11.46（3.970）	−0.656	0.524

对两晚睡眠限制（伴随着两晚黎明模拟光的对抗作用）和基线晚醒后上午个体的基本认知（警觉性、工作记忆）、高级认知（风险决策、抑制控制）、主观困意和情绪的表现进行配对样本 T 检验。结果发现，经过两晚的睡眠限制后，黎明模拟光虽然能够将个体抑制控制中停止信号任务的全部指标及主观困意 KSS 值恢复到基线水平，但是也可以看到，部分指标（PVT 的上午时反应、积极情绪）即使接受了黎明模拟光的对抗作用，仍然不能恢复到基线水平。具体结果如表 5-3 所示。

表 5-3　限制两晚之后黎明模拟光对个体认知和情绪的缓冲作用

	M（SD）		t	p
	基线	睡眠限制两晚之后		
PVT				
刚醒时反应时	426.03（46.68）	609.93（382.64）	−1.824	0.093
上午时反应时	**422.90（55.06）**	**635.01（356.51）**	**−2.277**	**0.042**
KSS	3.62（1.33）	5.08（1.98）	−2.133	0.054
PANAS				

续表

	M（SD）		t	p
	基线	睡眠限制两晚之后		
积极情绪	**16.00（6.12）**	**12.69（5.78）**	**2.976**	**0.012**
消极情绪	9.85（1.68）	9.46（1.20）	1.046	0.316
BART				
调整平均数	46.75（11.59）	49.30（12.67）	−0.796	0.441
赚的总钱数	869.15（99.58）	841.15（124.85）	0.766	0.459
爆炸气球个数	10.69（3.28）	12.15（3.51）	−1.658	0.123

5.1.4.2 黎明模拟光对客观警觉性PVT的缓冲作用

在PVT任务中，首先计算出不同光照条件下不同睡眠条件后的平均反应时，然后由于每种光照条件下都有基线，为了数据的可靠真实，以平均反应时较基线晚相比增加的比例，即（睡眠限制一天或两天后的平均反应时-对应基线晚的平均反应时）/对应基线晚的平均反应时作为因变量，以不同睡眠限制时间（限制一晚、限制两晚）与不同的光照条件（无光、黎明模拟光）作为被试内变量进行重复测量方差分析。

对刚醒时的不同睡眠限制时间和光照条件下的PVT反应时增加比率进行重复测量方差分析，结果发现，不同睡眠限制时间的主效应不显著［$F(1, 12)=3.030$，$p=0.107$，$\eta_p^2=0.202$］；不同光照条件的主效应也不显著［$F(1, 12)=0.324$，$p=0.580$，$\eta_p^2=0.026$］；两者之间也没有显著的交互作用［$F(1, 12)=0.474$，$p=0.504$，$\eta_p^2=0.038$］。具体结果如图5-3所示。

对上午的不同睡眠限制时间和光照条件下的PVT反应时增加比率进行重复测量方差分析，结果发现，不同睡眠限制时间的主效应不显著［$F(1, 12)=0.952$，$p=0.349$，$\eta_p^2=0.073$］；不同光照条件的主效应也不显著［$F(1, 12)=1.456$，$p=0.251$，$\eta_p^2=0.108$］；两者之间也没有显著的交互作用［$F(1, 12)=0.010$，$p=0.924$，$\eta_p^2=0.001$］。

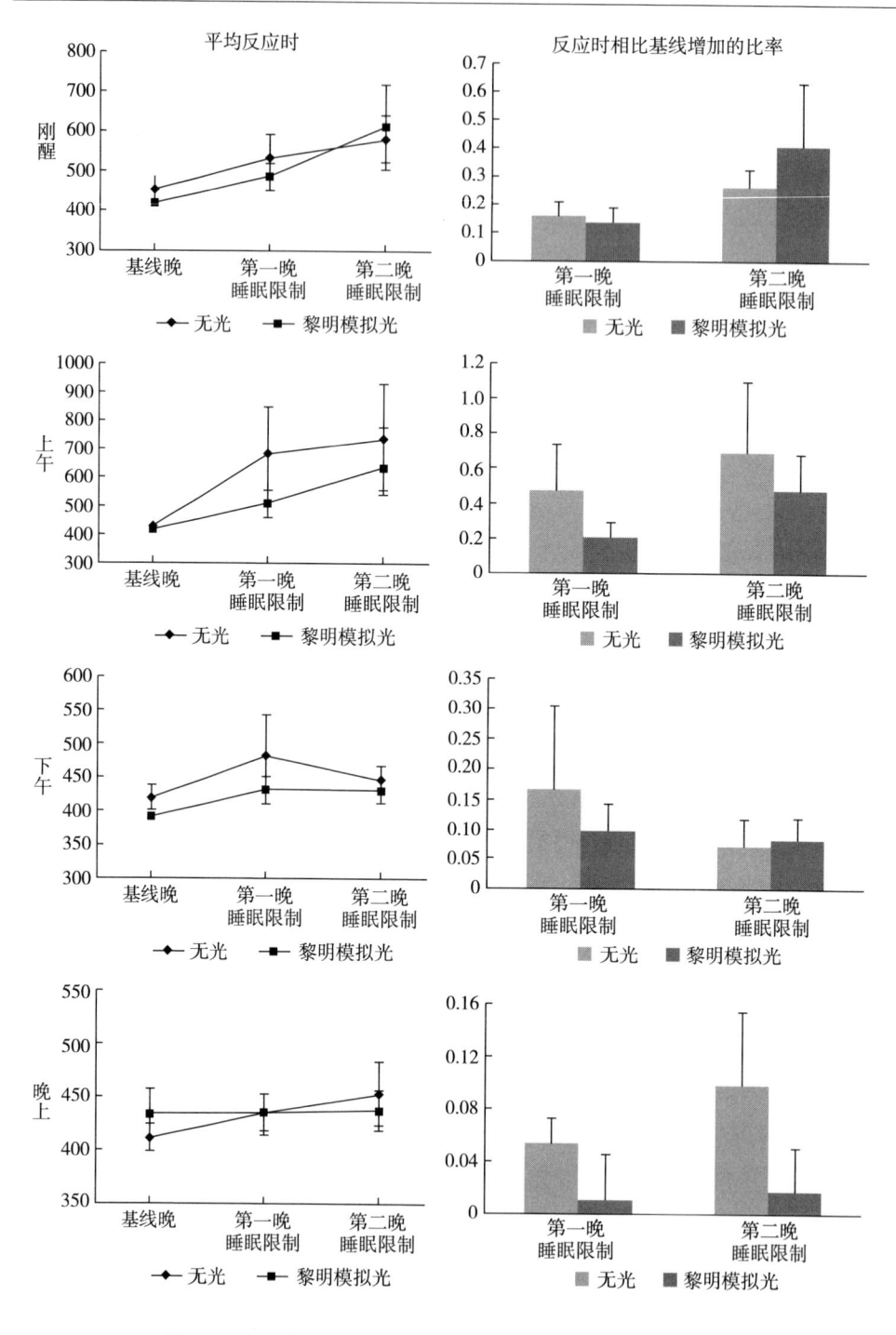

图 5-3 黎明模拟光（DSL）对警觉性（PVT）的缓冲作用

对下午的不同睡眠限制时间和光照条件下的PVT反应时增加比率进行重复测量方差分析,结果发现,不同睡眠限制时间的主效应不显著[$F(1, 12)=0.517$, $p=0.487$, $\eta_p^2=0.045$];不同光照条件的主效应也不显著[$F(1, 12)=0.317$, $p=0.585$, $\eta_p^2=0.028$];两者之间也没有显著的交互作用[$F(1, 12)=0.362$, $p=0.560$, $\eta_p^2=0.032$]。

对晚上的不同睡眠限制时间和光照条件下的PVT反应时增加比率进行重复测量方差分析,结果发现,不同睡眠限制时间的主效应不显著[$F(1, 12)=1.134$, $p=0.308$, $\eta_p^2=0.086$];不同光照条件的主效应也不显著[$F(1, 12)=1.924$, $p=0.191$, $\eta_p^2=0.138$];两者之间也没有显著的交互作用[$F(1, 12)=0.532$, $p=0.480$, $\eta_p^2=0.042$]。

5.1.4.3 黎明模拟光对主观睡意KSS的缓冲作用

在主观睡意的测量中,首先统计出不同光照条件下不同睡眠条件后的KSS值,由于每种光照条件下都有基线,为了数据的可靠真实,以KSS值较基线晚相比增加的比例,即(睡眠限制一晚或两晚后的KSS值-对应基线晚的KSS值)/对应基线晚的KSS值作为因变量,以不同睡眠限制时间(限制一晚、限制两晚)与不同的光照条件(无光、黎明模拟光)作为被试内变量进行重复测量方差分析。

对上午的不同睡眠限制时间和光照条件下的KSS值增加的比率进行重复测量方差分析,结果发现,不同睡眠限制时间的主效应不显著[$F(1, 12)=0.053$, $p=0.821$, $\eta_p^2=0.004$];不同光照条件的主效应也不显著[$F(1, 12)=0.793$, $p=0.391$, $\eta_p^2=0.062$];两者之间也没有显著的交互作用[$F(1, 12)=3.632$, $p=0.081$, $\eta_p^2=0.232$]。具体结果如图5-4所示。

对下午的不同睡眠限制时间和光照条件下的KSS值增加的比率进行重复测量方差分析,结果发现,不同睡眠限制时间的主效应不显著[$F(1, 12)=0.221$, $p=0.646$, $\eta_p^2=0.018$];不同光照条件的主效应也不显著[$F(1, 12)=0.162$, $p=0.695$, $\eta_p^2=0.013$];两者之间也没有显著的交互作用[$F(1, 12)=0.003$, $p=0.954$, $\eta_p^2=0.000$]。

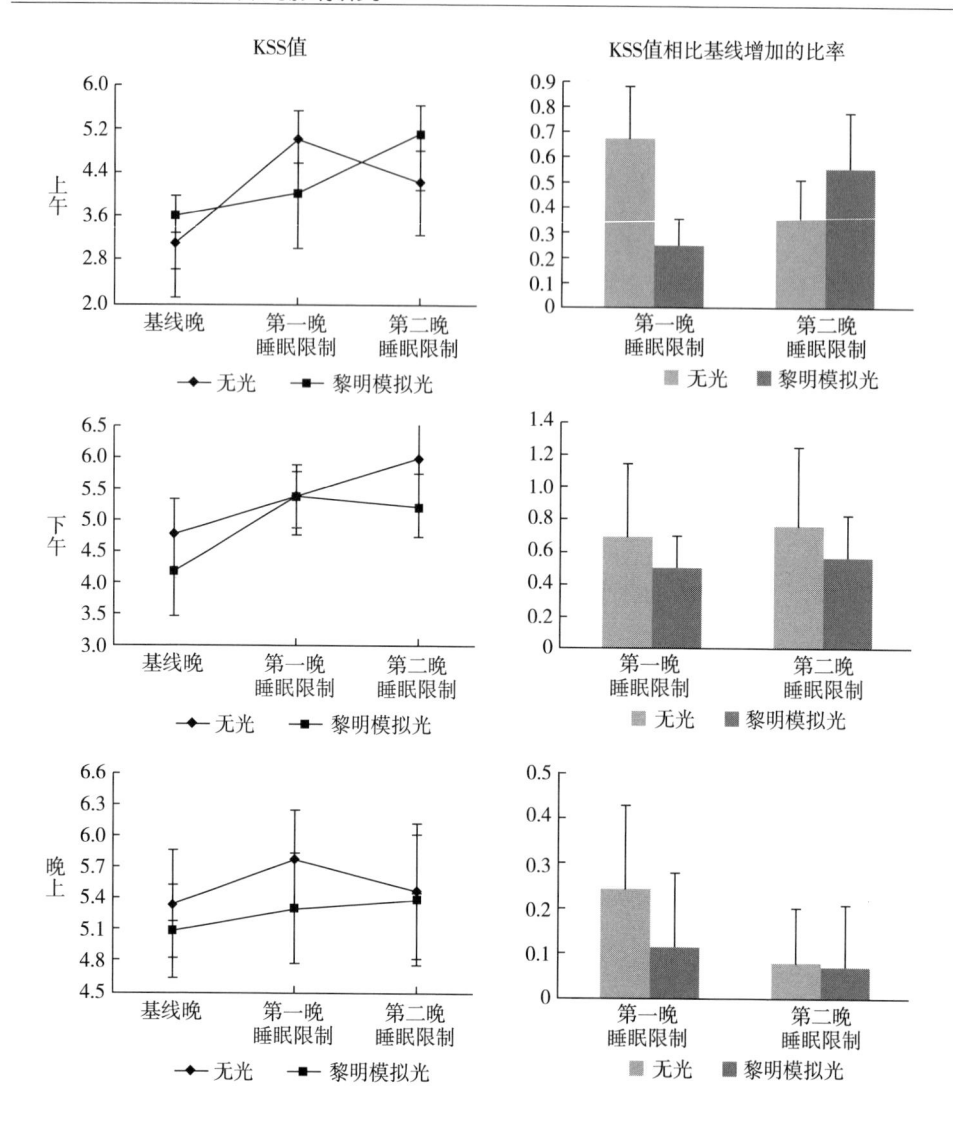

图 5-4 黎明模拟光（DSL）对主观困意（KSS）的缓冲作用

对晚上的不同睡眠限制时间和光照条件下的 KSS 值增加的比率进行重复测量方差分析，结果发现，不同睡眠限制时间的主效应不显著 [$F(1, 12) = 1.005$, $p = 0.336$, $\eta_p^2 = 0.077$]；不同光照条件的主效应也不显著 [$F(1, 12) = 0.174$, $p = 0.684$, $\eta_p^2 = 0.014$]；两者之间也没有显著的交互作用 [$F(1, 12) = 0.374$, $p = 0.552$, $\eta_p^2 = 0.030$]。

5.1.4.4 黎明模拟光对情绪的缓冲作用

在情绪的测量中，首先计算出不同光照条件下不同睡眠条件后的积极情绪和消极情绪的分值，由于每种光照条件下都有基线，为了数据的可靠真实，以积极情绪时较基线晚相比增加的比例，即（睡眠限制一晚或两晚后的积极情绪-对应基线晚的积极情绪）/对应基线晚的积极情绪和消极情绪增加的比率，（睡眠限制一晚或两晚后的消极情绪-对应基线晚的消极情绪）/对应基线晚的消极情绪作为因变量，以不同睡眠限制时间（限制一晚、限制两晚）与不同的光照条件（无光、黎明模拟光）作为被试内变量进行重复测量方差分析。

对上午的不同睡眠限制时间和光照条件下的积极情绪增加的比率和消极情绪增加的比率分别进行重复测量方差分析，结果发现，对于积极情绪的增加比率来说，不同睡眠限制时间的主效应不显著［$F(1,12)=3.020$，$p=0.108$，$\eta_p^2=0.201$］；不同光照条件的主效应也不显著［$F(1,12)=0.135$，$p=0.720$，$\eta_p^2=0.011$］；两者之间也没有显著的交互作用［$F(1,12)=0.004$，$p=0.948$，$\eta_p^2=0.000$］。对于消极情绪的增加比率来说，不同睡眠限制时间的主效应不显著［$F(1,12)=1.618$，$p=0.227$，$\eta_p^2=0.119$］；不同光照条件的主效应也不显著［$F(1,12)=0.335$，$p=0.573$，$\eta_p^2=0.027$］；两者之间也没有显著的交互作用［$F(1,12)=1.207$，$p=0.293$，$\eta_p^2=0.091$］。具体结果如图5-5所示。

对下午的不同睡眠限制时间和光照条件下的积极情绪增加的比率和消极情绪增加的比率分别进行重复测量方差分析，结果发现，对于积极情绪的增加比率来说，不同睡眠限制时间的主效应不显著［$F(1,12)=0.004$，$p=0.949$，$\eta_p^2=0.000$］；不同光照条件的主效应也不显著［$F(1,12)=0.042$，$p=0.841$，$\eta_p^2=0.003$］；两者之间也没有显著的交互作用［$F(1,12)=0.645$，$p=0.437$，$\eta_p^2=0.051$］。对于消极情绪的增加比率来说，不同睡眠限制时间的主效应不显著［$F(1,12)=0.000$，$p=0.984$，$\eta_p^2=0.000$］；不同光照条件的主效应也不显著［$F(1,12)=0.398$，$p=0.540$，$\eta_p^2=0.032$］；两者之间也没有显著的交互作用［$F(1,12)=2.454$，$p=0.143$，$\eta_p^2=0.170$］。

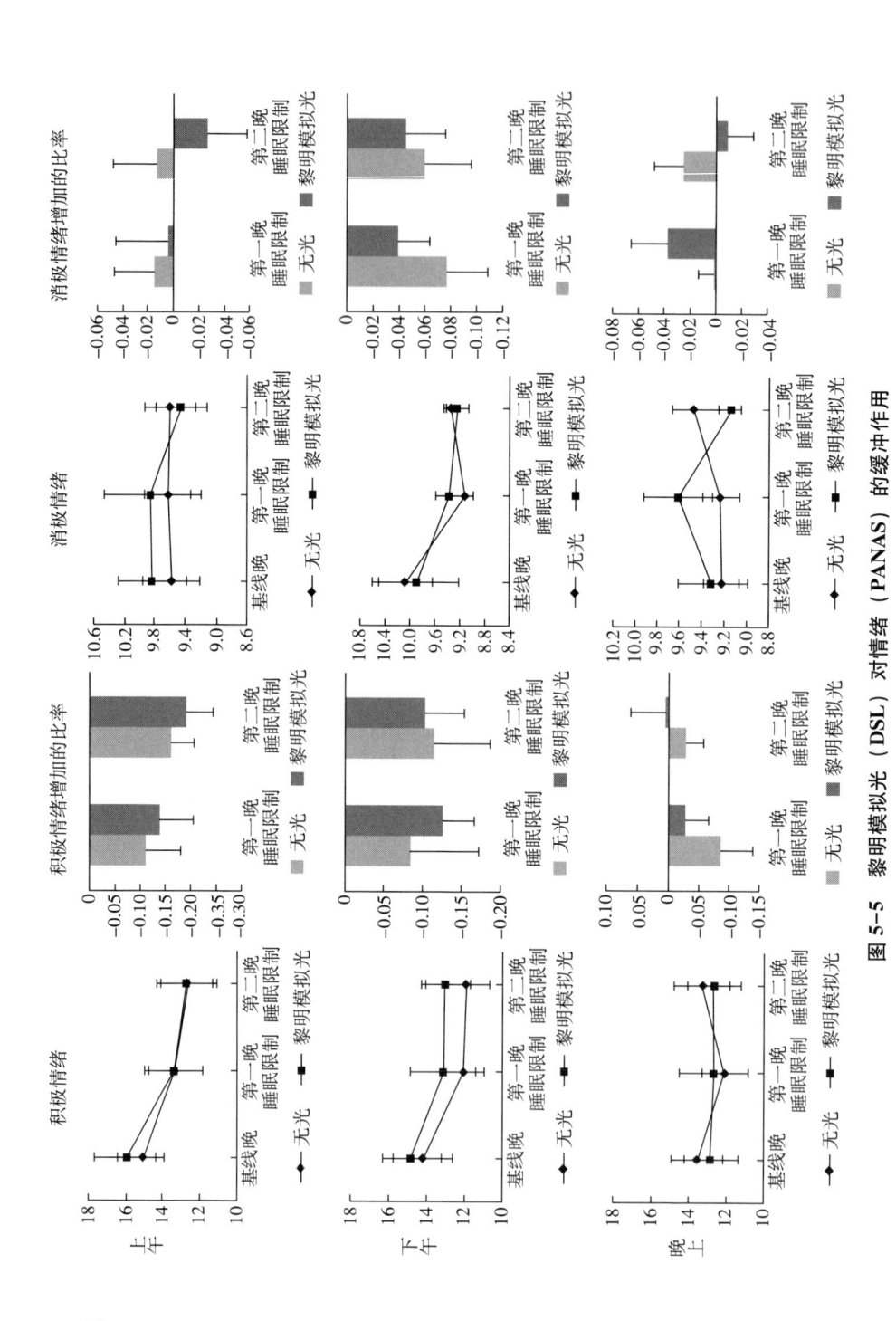

图 5-5 黎明模拟光（DSL）对情绪（PANAS）的缓冲作用

对晚上的不同睡眠限制时间和光照条件下的积极情绪增加的比率和消极情绪增加的比率分别进行重复测量方差分析,结果发现,对于积极情绪的增加比率来说,不同睡眠限制时间的主效应不显著[$F(1, 12) = 1.096$,$p = 0.316$,$\eta_p^2 = 0.084$];不同光照条件的主效应也不显著[$F(1, 12) = 0.683$,$p = 0.425$,$\eta_p^2 = 0.054$];两者之间也没有显著的交互作用[$F(1, 12) = 0.079$,$p = 0.783$,$\eta_p^2 = 0.007$]。对于消极情绪的增加比率来说,不同睡眠限制时间的主效应不显著[$F(1, 12) = 0.810$,$p = 0.386$,$\eta_p^2 = 0.063$];不同光照条件的主效应也不显著[$F(1, 12) = 0.000$,$p = 0.994$,$\eta_p^2 = 0.000$];两者之间有显著的交互作用[$F(1, 12) = 6.824$,$p = 0.023$,$\eta_p^2 = 0.363$]。即限制一晚之后黎明模拟光条件下消极情绪增加的比率要大于无光条件下,而限制两晚之后黎明模拟光条件下消极情绪增加的比率小于无光条件下。

5.1.4.5 黎明模拟光对风险决策——BART任务的缓冲作用

在风险决策任务BART中,首先计算出不同光照条件下不同睡眠条件后的调整平均数、赚的总钱数和爆炸气球个数,由于每种光照条件下都有基线,为了数据的可靠真实,以平均反应时较基线晚相比增加的比例,(睡眠限制一晚或两晚后的调整平均数-对应基线晚的调整平均数)/对应基线晚的调整平均数,赚的总钱数增加的比率,(睡眠限制一晚或两晚后赚的总钱数-对应基线晚赚的总钱数)/对应基线晚赚的总钱数和爆炸气球个数增加的比率,(睡眠限制一晚或两晚后的爆炸气球个数-对应基线晚的爆炸气球个数)/对应基线晚的爆炸气球个数作为因变量,以不同睡眠限制时间(限制一晚、限制两晚)与不同的光照条件(无光、黎明模拟光)作为被试内变量进行重复测量方差分析。

对上午的不同睡眠限制时间和光照条件下的调整平均数的增加比率、赚的总钱数的增加比率和爆炸气球总个数增加比率分别进行重复测量方差分析,结果发现,对于调整平均数增加比率来说,不同睡眠限制时间的主效应不显著[$F(1, 12) = 0.654$,$p = 0.434$,$\eta_p^2 = 0.052$];不同光照条件的主效应也不显著[$F(1, 12) = 0.014$,$p = 0.907$,$\eta_p^2 = 0.001$];两者之间也没有显著的交互作用[$F(1, 12) = 0.646$,$p = 0.437$,$\eta_p^2 = 0.051$]。对于赚的总钱数增加比率来说,不同睡眠限制时间的主效应不显著 [$F(1, 12) = 1.516$, $p = 0.242$, $\eta_p^2 = 0.112$];不同光照条件的主效应也不显著 [$F(1, 12) = 1.129$, $p = 0.309$, $\eta_p^2 = 0.086$];两者之间也没有显著的交互作用 [$F(1, 12) = 0.014$, $p = 0.907$, $\eta_p^2 = 0.001$]。对于爆炸气球个数增加比率来说,不同睡眠限制时间的主效应不显著 [$F(1, 12) = 0.017$, $p = 0.900$, $\eta_p^2 = 0.001$];不同光照条件的主效应也不显著 [$F(1, 12) = 0.011$, $p = 0.918$, $\eta_p^2 = 0.001$];两者之间也没有显著的交互作用 [$F(1, 12) = 0.525$, $p = 0.483$, $\eta_p^2 = 0.042$]。具体结果如图5-6和图5-7所示。

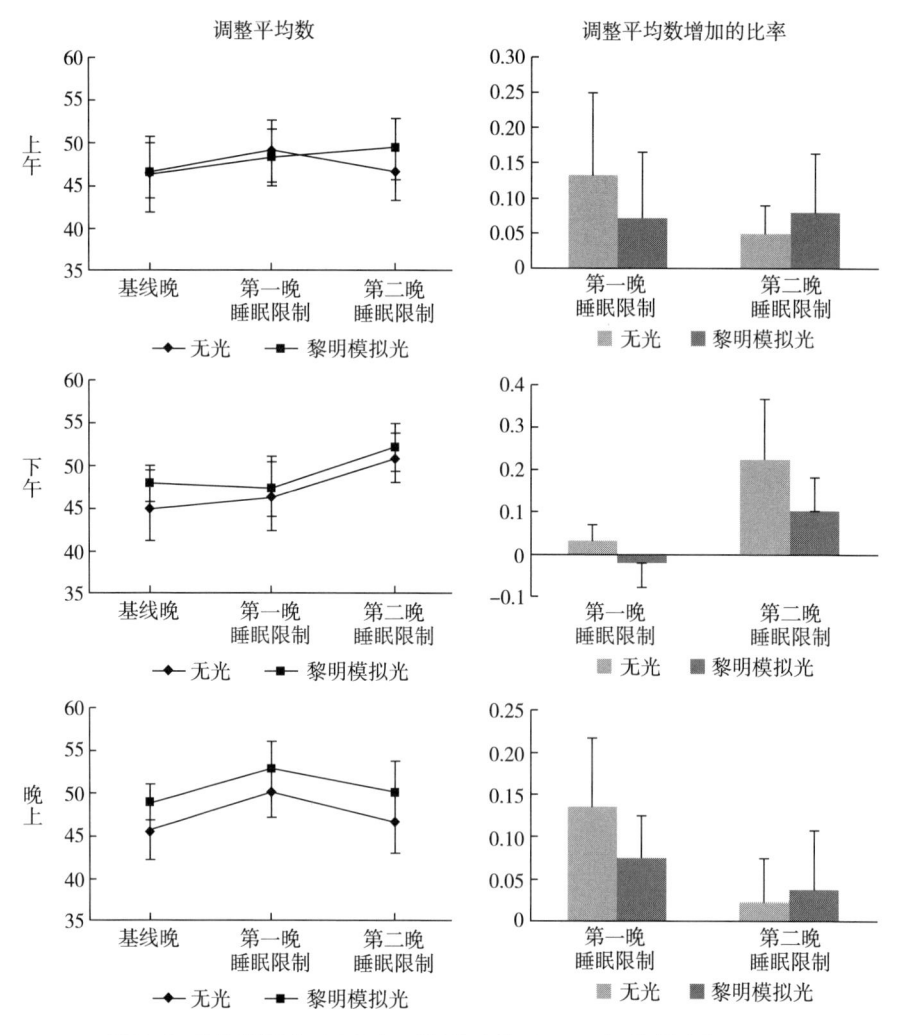

图5-6 黎明模拟光(DSL)对风险决策(BART)的缓冲作用(1)

5 研究3：黎明模拟光的对抗作用

图5-7 黎明模拟光（DSL）对风险决策（BART）的缓冲作用（2）

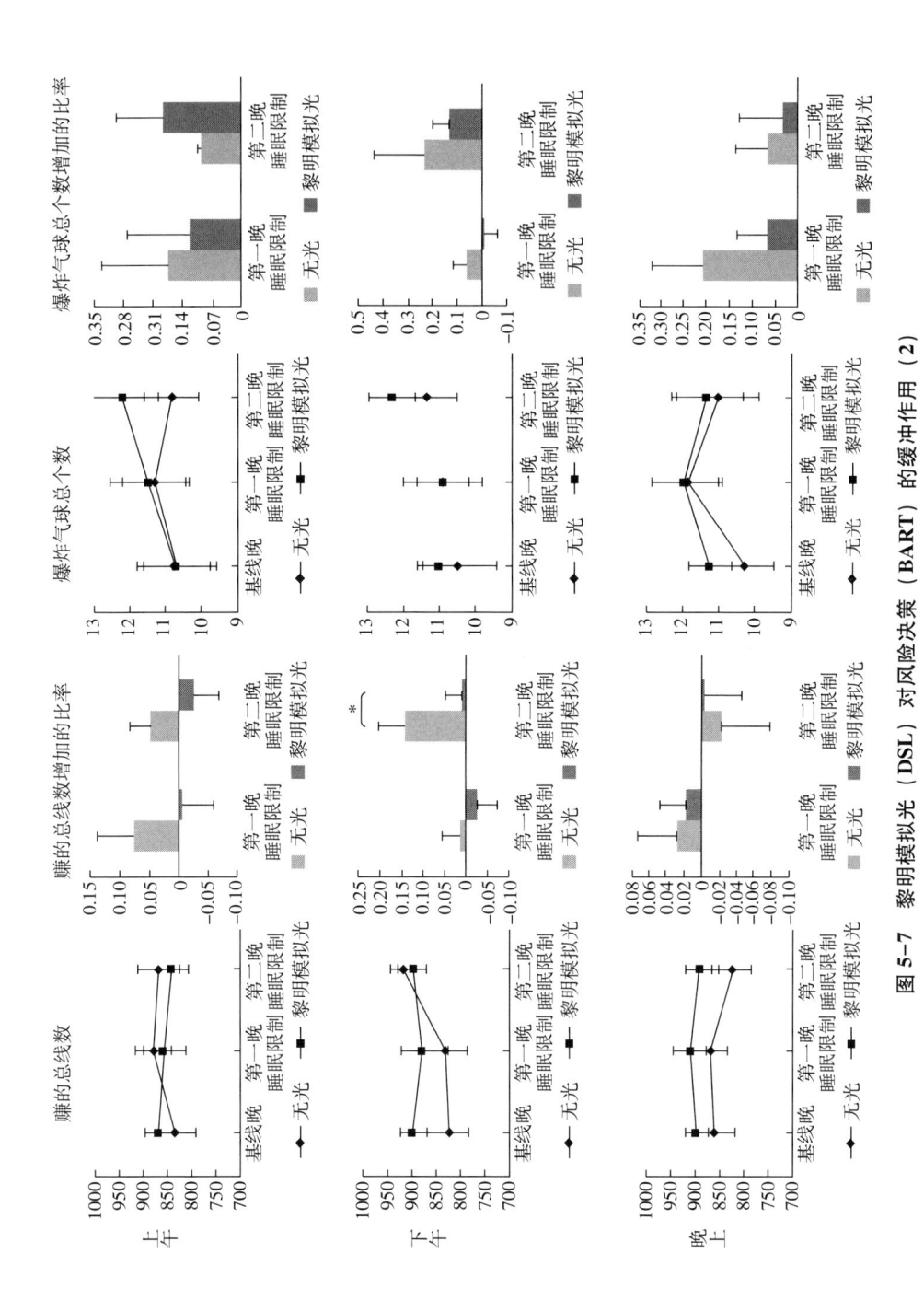

对下午的不同睡眠限制时间和光照条件下的调整平均数的增加比率、赚的总钱数的增加比率和爆炸气球个数增加比率分别进行重复测量方差分析，结果发现，对于调整平均数增加比率来说，不同睡眠限制时间的主效应不显著［$F(1, 12) = 1.428$，$p = 0.255$，$\eta_p^2 = 0.106$］；不同光照条件的主效应也不显著［$F(1, 12) = 1.421$，$p = 0.256$，$\eta_p^2 = 0.106$］；两者之间也没有显著的交互作用［$F(1, 12) = 1.599$，$p = 0.230$，$\eta_p^2 = 0.118$］。对于赚的总钱数增加比率来说，不同睡眠限制时间的主效应不显著［$F(1, 12) = 1.692$，$p = 0.218$，$\eta_p^2 = 0.124$］；不同光照条件的主效应也不显著［$F(1, 12) = 2.493$，$p = 0.140$，$\eta_p^2 = 0.172$］；两者之间也没有显著的交互作用［$F(1, 12) = 4.515$，$p = 0.055$，$\eta_p^2 = 0.273$］。对于爆炸气球个数增加比率来说，不同睡眠限制时间的主效应不显著［$F(1, 12) = 0.998$，$p = 0.338$，$\eta_p^2 = 0.077$］；不同光照条件的主效应也不显著［$F(1, 12) = 0.537$，$p = 0.478$，$\eta_p^2 = 0.043$］；两者之间也没有显著的交互作用［$F(1, 12) = 0.077$，$p = 0.786$，$\eta_p^2 = 0.006$］。进一步配对样本 T 检验发现，限制两晚之后，黎明模拟光条件下被试所赚的总钱数增加的比率（0.009 ± 0.133）要显著小于无光条件下赚的总钱数增加比率 $\{(0.143 \pm 0.223)$，［$t(12) = 2.311$，$p = 0.039$］$\}$。

对晚上的不同睡眠限制时间和光照条件下的调整平均数的增加比率、赚的总钱数的增加比率和爆炸气球个数增加比率分别进行重复测量方差分析，结果发现，对于调整平均数增加比率来说，不同睡眠限制时间的主效应不显著［$F(1, 12) = 0.817$，$p = 0.384$，$\eta_p^2 = 0.064$］；不同光照条件的主效应也不显著［$F(1, 12) = 0.095$，$p = 0.763$，$\eta_p^2 = 0.008$］；两者之间也没有显著的交互作用［$F(1, 12) = 1.482$，$p = 0.247$，$\eta_p^2 = 0.110$］。对于赚的总钱数增加比率来说，不同睡眠限制时间的主效应不显著［$F(1, 12) = 0.958$，$p = 0.347$，$\eta_p^2 = 0.074$］；不同光照条件的主效应也不显著［$F(1, 12) = 0.006$，$p = 0.941$，$\eta_p^2 = 0.000$］；两者之间也没有显著的交互作用［$F(1, 12) = 0.407$，$p = 0.535$，$\eta_p^2 = 0.033$］。对于爆炸气球个数增加比率来说，不同睡眠限制时间的主效应不显著［$F(1, 12) = 0.693$，$p = 0.421$，$\eta_p^2 = 0.055$］；不同光照条件的主效应也不显著［$F(1, 12) = 0.707$，$p = 0.417$，$\eta_p^2 = 0.056$］；两者之间也没有显著的交互作用［$F(1, 12) = 1.934$，$p = 0.190$，$\eta_p^2 = 0.139$］。

5.1.5 讨论

本实验根据研究 1a 的结论（睡眠限制会损害个体的警觉性、工作记忆及抑制控制能力，降低个体的积极情绪，提高个体的风险决策，且 2 天睡眠限制的负向影响要大于 1 天）进一步讨论睡眠限制的另一个对抗因素——黎明模拟光。假设黎明模拟光可以缓解睡眠限制对警觉性、工作记忆、情绪、抑制控制能力、风险决策的负性影响，但一晚睡眠限制后黎明模拟光的效果要好于两晚睡眠限制后。

在基本认知 PVT 任务上，本实验发现，光照条件（黎明模拟光 vs. 无光）的主效应在刚醒、上午、下午、晚上时都没有显著差异（all $p>0.05$），配对样本 T 检验也发现，不管哪个时段是限制一晚还是两晚黎明模拟光和无光条件下 PVT 反应时增加的比率之间都没有显著差异（all $p>0.05$）。但同时也可以发现，黎明模拟光条件下个体的反应时增加的比率表现出了小于无光条件下的趋势，尤其是在睡眠限制一晚之后，刚醒不管是上午、下午还是晚上，黎明模拟光条件反应时增加的比率［(0.204±0.294)，(0.097±0.152) (0.010±0.125)，(0.134±0.182)］都有低于无光条件下的趋势［(0.466±0.953)，(0.167±0.483) (0.054±0.072)，(0.157±0.172)］。而在睡眠限制两晚之后，只有在上午时段和晚上时段，黎明模拟光条件下的 PVT 平均反应时增加的比率［(0.478±0.731)，(0.018±0.121)］出现了低于无光条件下［(0.692±0.144)，(0.100±0.197)］的趋势。这与本书的假设基本一致，即黎明模拟光可以在第一晚时有效缓解睡眠限制对警觉性的损害，第二晚时，由于睡眠压力的增大，这种缓解作用逐渐消失。

主观睡意 KSS 结果的客观警觉性 PVT 的结果比较一致。光照条件的主效应均不显著（all $p>0.05$），配对样本 T 检验也发现，黎明模拟光和无光条件下 PVT 反应时增加的比率之间均没有显著差异（all $p>0.05$）。但同时，黎明模拟光条件下个体的 KSS 值增加的比率表现出了小于无光条件下的趋势，尤其是在睡眠限制一晚之后，不管是上午、下午还是晚上，黎明模拟光条件 KSS 值增加的比率［(0.196±0.563)，(0.516±0.680) (0.113±0.582)］都有低于无光条件下的趋势［(0.672±0.741)，(0.697±0.1.648)，(0.240±0.668)］。而在睡眠限制两晚之后，只有在下午时段和晚上时段黎明模拟光条件下的 KSS 值增加的比率［(0.576±0.910)，(0.071±0.485)］出现了低于无光条件下［(0.770±1.750)，

（0.079±0.428）］的趋势。这与本书的假设基本一致，即黎明模拟光可以在第一晚时有效缓解睡眠限制对主观睡意的损害，第二晚时，由于睡眠压力的增大，这种缓解作用逐渐消失。因此，尽管有研究报告主观睡意和客观警觉性之间有差异，但本研究仍然得到了基本一致的结果。

在情绪 PANAS 的测量上，主要使用了积极情绪和消极情绪相比基线晚增加的比率作为考察变量。结果发现，光照条件的主效应均不显著（all $p>0.05$），进一步配对样本 T 检验也发现，黎明模拟光和无光条件下积极情绪与消极情绪增加的比率之间均没有显著差异（all $p>0.05$）。同时发现，在晚上时段的消极情绪增加的比率上，光照条件和睡眠限制时间之间出现了显著的交互作用（$p=0.023$），即限制一晚之后，被试在黎明模拟光条件下消极情绪增加的比率要大于无光条件下，而限制两晚之后，被试在黎明模拟光条件下消极情绪增加的比率小于无光条件下。这个结果与本书的假设不太一致。但在上午和下午两个时段上，无光条件下消极情绪增加的比率均出现了大于黎明模拟光条件下的倾向。而在晚上时段，无光条件下的积极情绪增加的比率也有小于黎明模拟光条件下的倾向。因此，总的来说，黎明模拟光对睡眠限制引起的积极情绪下降有一定的缓冲作用，而对消极情绪的影响似乎不太一致。

在风险决策任务气球模拟风险任务 BART 上，本实验发现，在无光条件下（0.143±0.223）赚的总钱数增加的比率要显著高于黎明模拟光条件下（0.009±0.133）赚的总钱数增加的比率［$t(12)=2.311$，$p=0.039$］。而在其他时间段的其他变量上，黎明模拟光与无光条件之间均没有显著差异（all $p>0.05$）。但同时可以发现，限制一晚之后，在调整平均数增加的比率、赚的总钱数增加的比率，以及爆炸气球个数增加的比率这三个指标上，无光条件下均呈现出大于黎明模拟光条件下的倾向；而在限制两晚之后，下午时段的调整平均数增加的比率、上午时段和下午时段赚的总钱数增加的比率、下午时段和晚上时段爆炸气球个数增加的比率上，也均显示出了在无光条件下大于黎明模拟光条件下的倾向。因此，可以推论，黎明模拟光确实会缓解睡眠限制引起的风险决策增高的影响，并且对一晚睡眠限制之后风险决策增高的缓解作用可能会好于睡眠限制两晚之后。

因此，黎明模拟光可以缓解睡眠限制引起的警觉性、工作记忆能力、积极情绪及抑制控制能力的降低和风险决策增高的负性影响，且黎明模拟光的缓冲作用在睡眠限制一晚之后有好于睡眠限制两晚之后的趋势。由于睡眠研究的特殊性，除了严格的筛选被试的流程和认知任务测试外，还需要整晚的睡眠监测，并且对后期数据进行 30 秒一帧的人工判读。人力、物力、财力的限制导致睡眠研究的被试量不够庞大，未来期待能够针对黎明模拟光这一个条件进行大样本的测试，以期得到显著的结果。

5.2 研究 3b：黎明模拟光对睡眠结构的影响

5.2.1 实验目的

本实验的目的是探讨睡眠限制对睡眠结构、睡眠效率及睡眠潜伏期的影响。本研究的假设是睡眠限制条件下，个体的睡眠效率增加、睡眠潜伏期降低、睡眠结构变化显著、慢波睡眠（N3 期）占比增加。

5.2.2 实验方法

5.2.2.1 被试

本实验的被试同研究 3a。

5.2.2.2 实验程序

本实验的实验程序同研究 3a。

5.2.2.3 实验工具

本实验的实验工具同研究 3a。

5.2.2.4 实验设计

本实验采用单因素被试内设计（适应/基线/限制一晚/限制两晚），探讨不同睡眠状态下个体的睡眠结构。研究数据使用 PSG 分析软件对睡眠数据进行分期，评分标准按照美国睡眠学会（AASM）手册为睡眠及相关事件评分所设定的标准进行，每 30 秒一帧进行判读。分期结束后可以获得以下睡眠结构的参数：总睡眠时间、各个睡眠阶段（N1 期、N2 期、N3 期和快速眼动 REM 期）的时间、睡眠效率、睡眠后觉醒次数、睡眠潜伏期、REM 期睡眠潜伏期。

5.2.3 数据分析

使用 Excel 对数据进行整理，采用 SPSS 22.0 和 Matlab2014 对数据进行描述性分析、配对样本 T 检验、重复测量方差分析等。

5.2.4 实验结果

5.2.4.1 睡眠参数的描述性数据

各指标的平均值和标准差如表 5-4 所示。

表 5-4　各个睡眠参数的平均值和标准差

	第一晚睡眠限制				第二晚睡眠限制			
	无光		黎明模拟光		无光		黎明模拟光	
	M	SD	M	SD	M	SD	M	SD
N1 期睡眠时长	7.42	7.32	8.63	6.64	3.5	2.08	4.38	3.47
N2 期睡眠时长	167.29	23.46	171.58	26.72	162.42	21.33	161.5	18.84
N3 期睡眠时长	92.67	18.57	97.08	20.56	101.25	14.95	102.21	35.41
REM 期睡眠时长	75.42	17.27	63.5	12.61	78.67	12.26	72.5	16.67
总睡眠时长	342.79	7.71	340.83	6.80	345.83	6.54	347.25	6.36
睡眠效率	0.958	0.013	0.949	0.0230	0.961	0.018	0.965	0.018
入睡后觉醒时间	11.04	4.55	14.13	7.44	10.46	5.26	9.67	5.35
睡眠潜伏期	4.08	2.81	4.21	3.99	3.71	3.76	3.08	3.57
REM 睡眠潜伏期	82.46	45.83	62.88	32.29	78.92	24.37	74.67	47.27

5.2.4.2 黎明模拟光对睡眠结构的影响

对晚上的不同睡眠限制时间和光照条件下各个睡眠阶段（N1期、N2期、N3期、REM期）所占整个晚上睡眠时长的比率分别进行重复测量方差分析。结果发现，对于N1期睡眠时长来说，不同睡眠限制时间的主效应显著［$F(1, 12)$ = 1.806，p = 0.006，η_p^2 = 0.518］，即睡眠限制两晚之后的N1期时长小于限制一晚之后；不同光照条件的主效应不显著［$F(1, 12)$ = 0.337，p = 0.573，η_p^2 = 0.030］；两者之间没有显著的交互作用［$F(1, 12)$ = 0.031，p = 0.865，η_p^2 = 0.003］。对于N2期睡眠时长来说，不同睡眠限制时间的主效应不显著［$F(1, 12)$ = 3.859，p = 0.075，η_p^2 = 0.260］；不同光照条件的主效应也不显著［$F(1, 12)$ = 0.091，p = 0.769，η_p^2 = 0.008］；两者之间也没有显著的交互作用［$F(1, 12)$ = 0.470，p = 0.507，η_p^2 = 0.041］。对于N3期睡眠时长来说，不同睡眠限制时间的主效应不显著［$F(1, 12)$ = 1.820，p = 0.204，η_p^2 = 0.142］；不同光照条件的主效应也不显著［$F(1, 12)$ = 0.171，p = 0.687，η_p^2 = 0.015］；两者之间也没有显著的交互作用［$F(1, 12)$ = 0.122，p = 0.733，η_p^2 = 0.011］。对于REM期睡眠时长来说，不同睡眠限制时间的主效应不显著［$F(1, 12)$ = 4.576，p = 0.056，η_p^2 = 0.294］；不同光照条件的主效应也不显著［$F(1, 12)$ = 0.741，p = 0.408，η_p^2 = 0.263］；两者之间也没有显著的交互作用［$F(1, 12)$ = 0.001，p = 0.981，η_p^2 = 0.000］。黎明模拟光对各个睡眠阶段时长的影响如图5-8所示。

5.2.4.3 黎明模拟光对睡眠效率和睡眠潜伏期的影响

对晚上的不同睡眠限制时间和光照条件下的睡眠效率、睡眠潜伏期、REM睡眠潜伏期和觉醒后次数分别进行重复测量方差分析，结果发现，对于睡眠效率来说，不同睡眠限制时间的主效应显著［$F(1, 12)$ = 8.439，p = 0.014，η_p^2 = 0.434］，即限制两晚的睡眠效率显著高于限制一晚；不同光照条件的主效应不显著［$F(1, 12)$ = 0.219，p = 0.649，η_p^2 = 0.020］；两者之间没有显著的交互作用［$F(1, 12)$ = 4.348，p = 0.061，η_p^2 = 0.283］。对于睡眠潜伏期来说，不同睡眠限制时间的主效应不显著［$F(1, 12)$ = 1.584，p = 0.234，η_p^2 = 0.126］；不同光照

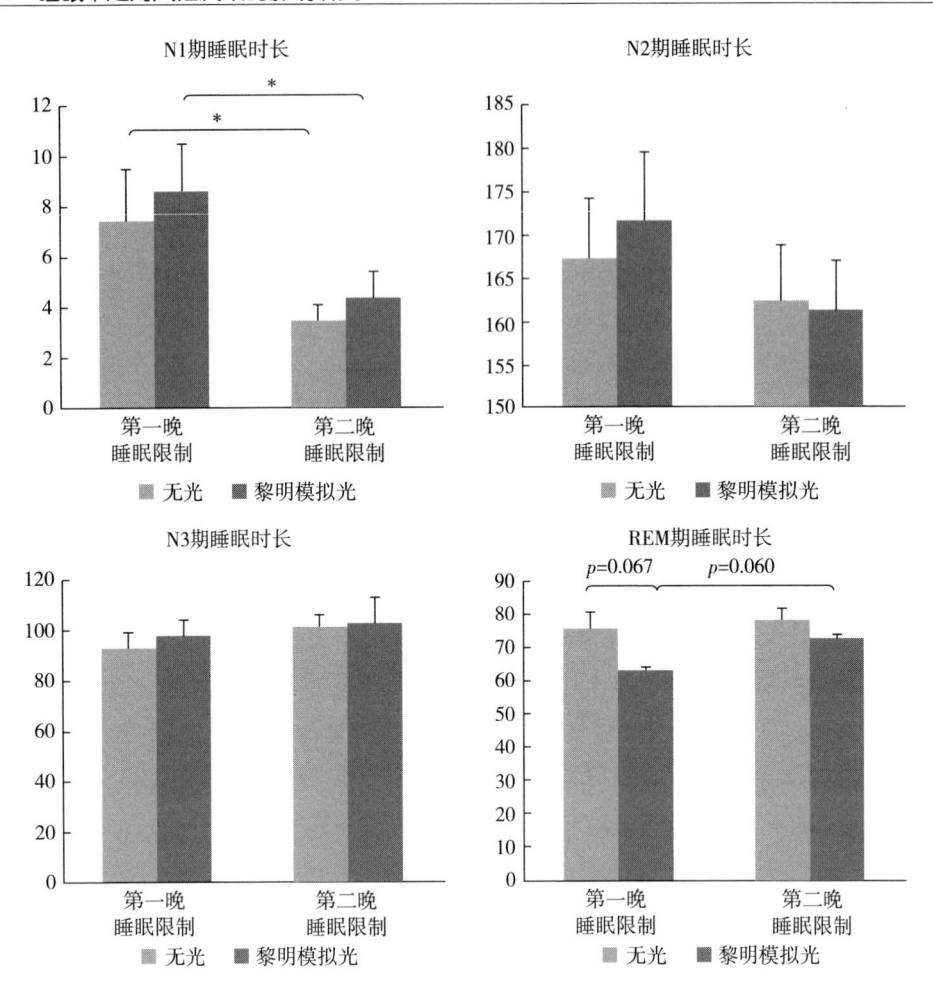

图 5-8 黎明模拟光对各个睡眠阶段时长的影响

注：* 表示 p<0.05。

条件的主效应不显著 [F(1, 12)=0.091, p=0.769, $\eta_p^2=0.008$]；两者之间没有显著的交互作用 [F(1, 12)=0.641, p=0.440, $\eta_p^2=0.055$]。对于 REM 睡眠潜伏期来说，不同睡眠限制时间的主效应不显著 [F(1, 12)=0.322, p=0.582, $\eta_p^2=0.028$]；不同光照条件的主效应不显著 [F(1, 12)=1.234, p=0.290, $\eta_p^2=0.101$]；两者之间没有显著的交互作用 [F(1, 12)=0.790, p=0.393, $\eta_p^2=0.067$]。对于睡后清醒时间来说，不同睡眠限制时间的主效应显著 [F(1,

12)= 5.879，p=0.034，η_p^2=0.348]，即限制两晚睡后的清醒时间显著低于限制一晚之后的清醒时间；不同光照条件的主效应不显著[F(1,12)= 0.719，p= 0.414，η_p^2=0.061]；两者之间没有显著的交互作用[F(1,12)= 2.917，p= 0.116，η_p^2=0.210]。具体结果如图 5-9 所示。

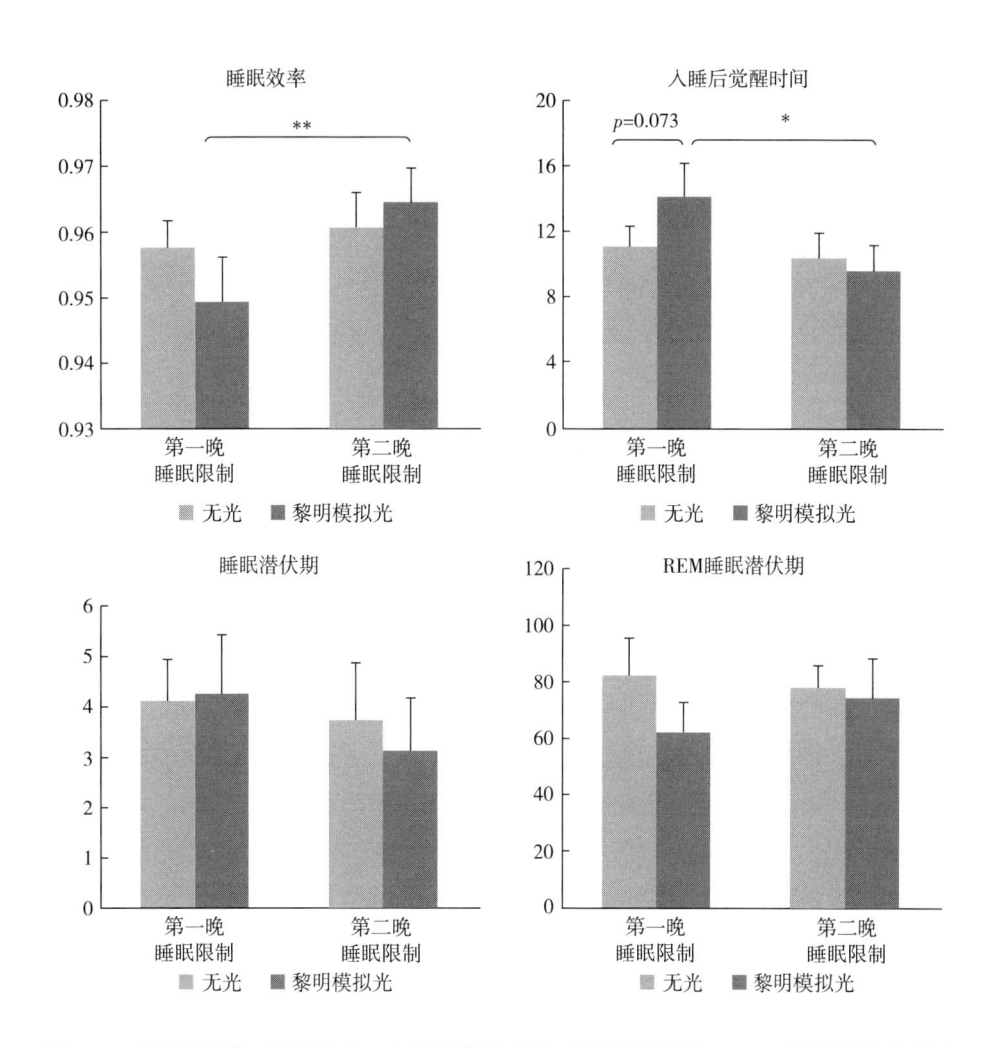

图 5-9 黎明模拟光对睡眠效率、入睡后觉醒时间、睡眠潜伏期和 REM 睡眠潜伏期的影响

5.2.5 讨论

研究 3b 发现，在睡眠各分期的睡眠时长上，第一晚的睡眠限制的 N1 期时长显著大于限制第二晚；N2 期边缘显著大于第二晚，REM 期边缘显著小于第二晚。而黎明模拟光的主效应均不显著。此外，睡眠限制第二晚的睡眠效率显著高于第一晚，入睡后觉醒时间显著低于第一晚。同样，黎明模拟光在睡眠效率，入睡后觉醒时间、睡眠潜伏期和 REM 睡眠潜伏期上均没有显著差异。因此，黎明模拟光对睡眠结构的影响没有显著变化。

6 研究4：睡眠恢复和黎明模拟光的共同对抗

研究2a发现，睡眠恢复能够显著改善两晚睡眠限制引起的主观睡意上升、客观警觉性、积极情绪、工作记忆和抑制控制的下降。研究3a发现，黎明模拟光条件下睡眠限制引起的风险决策提高和抑制控制能力的下降要显著低于无光条件下，而在主观睡意、客观警觉性、情绪及工作记忆等指标上也呈现出了一定的趋势。研究4想进一步探讨如果将睡眠恢复和黎明模拟光这两种措施相结合是否可以完全对抗睡眠限制带来的负性影响。同时，前述研究的研究对象都是短期睡眠限制的人群，而现在社会生活中的长期睡眠限制的人群占比要比短期睡眠限制人群多，同时所受到的认知的损害也更多，因此我们想通过比较不同对抗措施的大小，来寻求最优解，以期为长期睡眠不足的人群缓解负性影响带来一定的借鉴意义。

因此，研究4a主要探讨睡眠恢复和黎明模拟光的联合对抗作用对睡眠限制引起负性影响的缓冲，研究4b主要比较睡眠限制的不同对抗措施（睡眠恢复、黎明模拟光、睡眠恢复+黎明模拟光的联合对抗）的大小，期望能够找到短期睡眠限制最优的方式，对长期睡眠限制人群提供一定的借鉴。

6.1 研究4a：联合对抗措施的缓冲作用

6.1.1 实验目的

本研究主要探讨黎明模拟光和睡眠恢复的结合对睡眠限制引起的认知和情绪的负向影响的缓冲作用，即联合对抗措施后个体的认知和情绪是否可以恢复到基线水平。研究的假设为：黎明模拟光和睡眠恢复的联合对抗作用可以使个体经过两晚的睡眠恢复后恢复到基线水平。黎明模拟光+恢复的对抗作用要好于单独恢复和单独黎明模拟光。

6.1.2 实验方法

6.1.2.1 被试

被试筛选标准及工具同研究1a。经过严格的筛选，共有13名（5男8女）被试符合要求，参与了该实验。被试基本信息如表6-1所示。

表6-1 研究4a的被试基本信息

	最小值	最大值	平均值	标准差
年龄（岁）	18	22	19.54	0.97
BMI（kg/m^2）	18.52	23.01	20.10	1.52
MEQ	42	58	53.08	5.24
GHQ	15	20	18.69	1.75
SAS	29	40	35.00	3.37
PSQI	0	5	2.85	1.86
BDI	0	5	2.38	2.14

6.1.2.2 实验程序

实验前对符合筛选标准的被试进行一周的基线测量，即正式实验开始前一周每个被试需佩戴体动记录仪对个人的睡眠周期、日常活动、光照情况等进行实时记录和监控，并要求每个被试完成当天的睡眠日志，共记录 7 天。研究人员会根据被试反馈来的睡眠日志和体动记录仪的数据，确定其睡眠是否规律，最终确定是否可以参加实验。

正式实验中，每个被试需在睡眠实验室休息 5 晚 [适应一晚，基线一晚，第一晚的睡眠限制（有 DSL），第二晚的睡眠限制（有 DSL），睡眠恢复]。其中适应晚上睡眠 9 小时，基线晚上睡眠 8 小时，睡眠限制两晚睡眠 6 小时，睡眠恢复 10 小时。每天晚上根据被试的睡眠时间提前 3 小时（洗漱+安装 PSG+完整认知任务+KSS 和 PANAS 问卷填写）到达睡眠实验室。经过晚上睡眠，第二天早上醒来之后约 3 小时（KSS 问卷填写+10 分钟 PVT+20 分钟休息间隔填写 KSS+完整的认知任务+取下 PSG+洗漱时间）方可离开实验室。下午 3 点再次来到实验室，完成完整的认知任务 KSS 和 PANAS 问卷填写之后方可离开，等晚上睡前 3 小时再次来实验室。适应晚的目的是熟悉实验流程和认知任务，适应睡眠环境，同时消除睡眠负债。基线晚的目的测量任务的基线水平，确定正常睡眠/睡眠限制的上床时间点。睡眠限制属于实验条件。实验期间禁止看手机、iPad 等一切自发光电子设备。具体实验流程如图 6-1 所示。

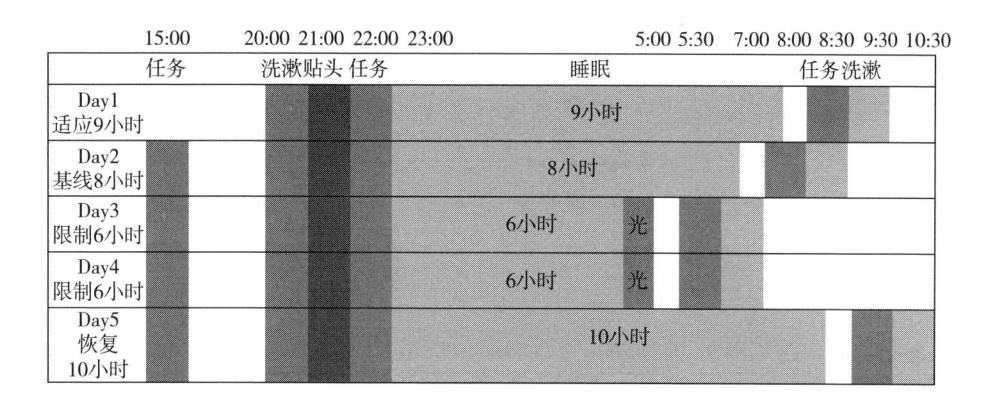

	15:00	20:00 21:00 22:00 23:00		5:00 5:30	7:00 8:00 8:30 9:30 10:30
	任务	洗漱贴头 任务	睡眠		任务 洗漱
Day1 适应9小时			9小时		
Day2 基线8小时			8小时		
Day3 限制6小时			6小时	光	
Day4 限制6小时			6小时	光	
Day5 恢复10小时			10小时		

图 6-1 研究 4a 的实验流程

6.1.2.3 实验任务

实验任务同研究2。

6.1.2.4 实验设计

本实验采用单因素实验设计,比较第二晚(基线晚)与第五晚(恢复晚)醒后个体的认知与情绪上的差异。

6.1.3 数据分析

使用Excel对所有数据进行整理,采用SPSS22.0和Matlab2014对数据进行描述性分析、配对样本T检验、重复测量方差分析等。

6.1.4 实验结果

对联合对抗后和基线晚醒后上午个体的基本认知(警觉性、工作记忆)、高级认知(风险决策、抑制控制)、主观困意和情绪的表现进行配对样本T检验,结果发现,经过联合对抗作用后,个体的认知和情绪均能恢复到基线水平,同时发现,个体主观上的困意在联合对抗措施后甚至好于基线晚[t(12)=2.704,p=0.019]。此外,停止信号任务中的执行信号反应时和停止反应时的表现之间也有显著差异[t(12)=2.335,p=0.038;t(12)=2.480,p=0.029],表现为联合对抗后的反应时要小于基线晚,即个体的抑制控制能力相比基线有显著提升。具体结果如表6-2所示。

表6-2 联合对抗作用对个体认知和情绪的缓冲作用

	M (SD) 基线	M (SD) 联合对抗后	t	p
PVT				
刚醒时反应时	426.03 (46.68)	435.60 (88.03)	−0.505	0.623
上午时反应时	422.90 (55.06)	426.74 (78.92)	−0.255	0.803
KSS	**3.62 (1.33)**	**2.38 (0.87)**	**2.704**	**0.019**

续表

	M (SD)		t	p
	基线	联合对抗后		
PANAS				
积极情绪	16.00 (6.12)	15.77 (5.33)	0.181	0.860
消极情绪	9.85 (1.68)	9.31 (0.86)	1.534	0.151
BART				
调整平均数	46.75 (11.59)	50.03 (13.00)	-0.856	0.409
赚的总钱数	869.15 (99.58)	891.15 (153.00)	-0.454	0.658
爆炸气球总个数	10.69 (3.28)	11.46 (3.28)	-0.745	0.471

6.1.5 讨论

本实验探讨了黎明模拟光和睡眠恢复相结合的对抗措施对睡眠限制引起的负向影响的对抗措施。研究结果表明，经过两晚的睡眠限制之后，联合对抗作用（睡眠限制晚伴随黎明模拟光的干预+两晚睡眠限制后紧跟着一晚的睡眠恢复）的客观警觉性水平、工作记忆水平、风险决策大小、抑制控制水平及情绪状态都能够恢复到基线水平。甚至在联合对抗措施后，个体的主观困意报告比基线更清醒，反映抑制水平的停止信号任务中的执行信号反应时和停止反应时这两个指标也均呈现出了比基线更快的反应。因此推论个体主观感受更清醒可能是由于睡眠恢复晚醒后评定主观困意时，被试参考的标准是前两晚的睡眠限制（6小时），而基线晚时评定的主观感受参考标准可能是基线晚之前的适应晚（9小时），限制晚和适应晚的总睡眠时长不同，个体当下评断的参考物不同，所以睡眠充分相比睡眠不足时更加清醒。而反映抑制控制能力的两个任务 go/no go 任务和停止信号任务的结果不太一致。可能是由于相对 go/no go 任务，停止信号任务相对比较困难，被试存在了一定的练习效应。

6.2 研究4b：不同对抗措施的比较

6.2.1 实验目的

比较黎明模拟光、睡眠恢复、黎明模拟光和睡眠恢复这三种对抗措施的差异。

6.2.2 实验方法

6.2.2.1 被试

被试同研究4a。

6.2.2.2 实验程序

实验前对符合筛选标准的被试进行一周的基线测量，即正式实验开始前一周每个被试需佩戴体动记录仪（Actigraphy）对个人的睡眠周期、日常活动、光照情况等进行实时记录和监控，并要求每个被试完成当天的睡眠日志（Sleep Diary），共记录7天。研究人员会根据被试反馈来的睡眠日志和体动记录仪的数据，确定其睡眠是否规律，最终确定是否可以参加实验。正式实验中，每个被试需在睡眠实验室休息9晚［第一次：适应一晚、基线一晚、第一晚的睡眠限制（有DSL或无DSL）、第二晚的睡眠限制（有DSL或无DSL）、睡眠恢复；第二次：基线一晚、第一晚的睡眠限制（有DSL或无DSL）、第二晚的睡眠限制（有DSL或无DSL）、睡眠恢复］。其中适应晚上睡眠9小时，基线晚上睡眠8小时，睡眠限制两晚睡眠6小时，睡眠恢复10小时。每天晚上根据被试的睡眠时间提前3小时（洗漱+安装PSG+完整认知任务+KSS和PANAS问卷填写）到达睡眠实验室。经过晚上睡眠，第二天早上醒来之后约3小时（KSS问卷填写+10分钟PVT+20分钟休息间隔填写KSS+完整的认知任务+取下PSG+洗漱时间）方可离开实验室。下午3点再次来到实验室，完成完整的认知任务 KSS 和 PANAS 问卷填写之后方可离开，等晚上睡前3小时再次来实验室。适应晚的目的是熟悉实验流程和认知任务，适应睡眠环境，同时消除睡眠负债。基线晚的目的测量任务的基线水平，确定正常睡眠/睡眠限制的上床时间点。睡眠限制属于实验条件。实验期间禁止看手机、iPad 等一切自发光电子设备。具体实验流程如图 6-2 所示。

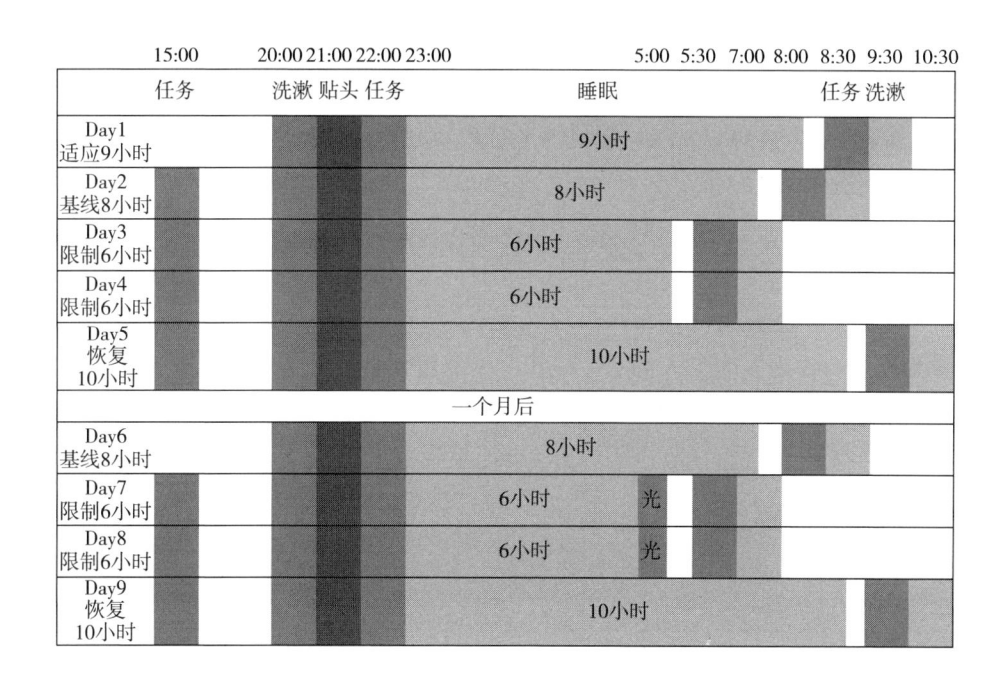

	15:00	20:00 21:00 22:00 23:00		5:00 5:30 7:00 8:00 8:30 9:30 10:30
	任务	洗漱 贴头 任务	睡眠	任务 洗漱
Day1 适应9小时			9小时	
Day2 基线8小时			8小时	
Day3 限制6小时			6小时	
Day4 限制6小时			6小时	
Day5 恢复10小时			10小时	
			一个月后	
Day6 基线8小时			8小时	
Day7 限制6小时			6小时	光
Day8 限制6小时			6小时	光
Day9 恢复10小时			10小时	

图 6-2 研究 4b 的实验流程

6.2.2.3 实验任务

实验任务同研究 4a。

6.2.2.4 实验设计

本实验采用 2（光照：无光/黎明模拟光）×4（时间：基线/限制一晚/限制两晚/恢复）的被试内设计，旨在探讨不同对抗措施（黎明模拟光 vs. 恢复 vs. 黎明模拟光+恢复）对睡眠限制引起的认知和情绪变化的对抗作用。本实验的假设为：黎明模拟光+恢复的对抗作用要好于单独恢复和单独黎明模拟光。

6.2.3 数据分析

使用 Excel 对所有数据进行整理，采用 SPSS 22.0 和 Matlab2014 对数据进行描述性分析、配对样本 T 检验、重复测量方差分析等。

6.2.4 实验结果

6.2.4.1 不同对抗措施对客观警觉性缓冲作用的比较

PVT 任务中，首先计算出不同条件下的平均反应时，由于不同对抗措施的条件下都有基线，为了数据的可靠真实，我们以平均反应时较基线晚相比增加的比率，即（不同对抗措施晚的平均反应时-对应基线晚的平均反应时）/对应基线晚的平均反应时作为因变量，对刚醒时和上午的数据分别进行单因素重复测量方差分析。

结果发现，被试刚醒时，不同对抗措施在平均反应时增加的比率上主效应边缘显著 [$F(2, 24) = 2.800$，$p = 0.081$，$\eta_p^2 = 0.189$]。上午时段，不同对抗措施在平均反应时增加的比率上主效应显著 [$F(2, 24) = 3.989$，$p = 0.032$，$\eta_p^2 = 0.249$]。进一步配对样本 T 检验发现，联合对抗的措施在平均反应时上增加的比率（0.008±0.119）要显著小于单纯黎明模拟光上增加的比率 {（0.478±0.731）；[$t(12) = 2.294$，$p = 0.041$]}；而单纯恢复增加的比率（0.054±0.202）也有小于单纯黎明模拟光上增加的比率的趋势 [$t(12) = -1.817$，$p = 0.094$]。具体结果如图 6-3 所示。

6.2.4.2 联合措施对主观睡意的缓冲作用

在主观睡意的测量中，本书首先统计出不同条件下的 KSS 值，由于不同对抗措施的条件下都有基线，为了数据的可靠真实，以 KSS 值较基线晚相比增加的比率，即（不同对抗措施下的 KSS 值-对应基线晚的 KSS 值）/对应基线晚的 KSS 值作为因变量对数据进行单因素重复测量方差分析。

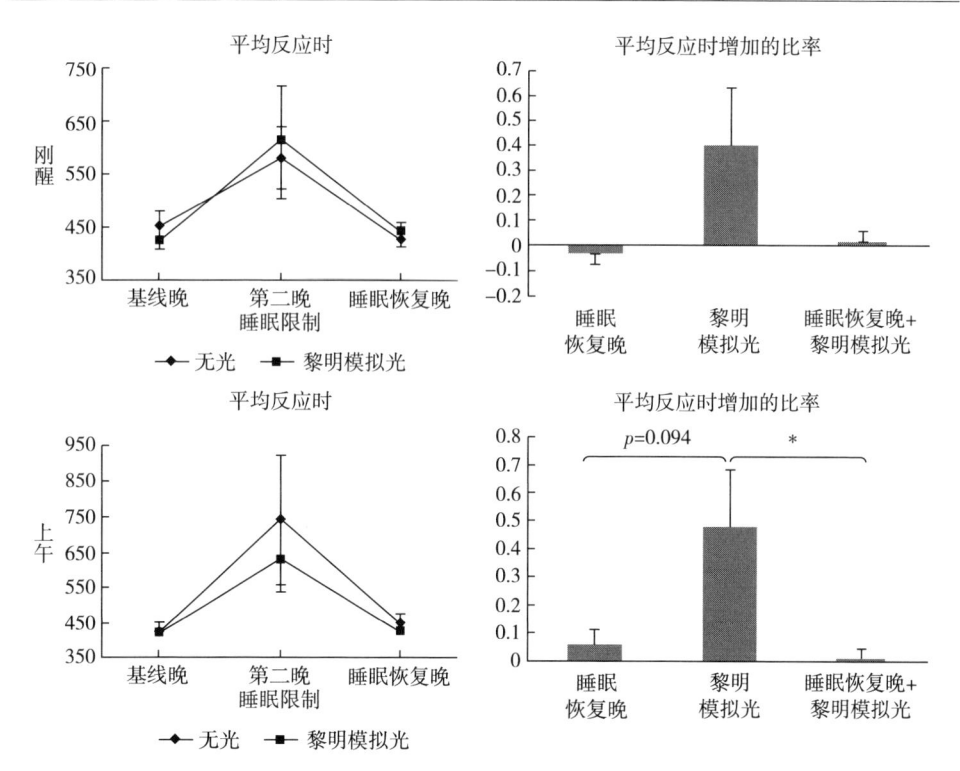

6 研究4：睡眠恢复和黎明模拟光的共同对抗

图6-3 不同对抗措施对客观警觉性缓冲作用的比较

结果发现，不同对抗措施在 KSS 的值增加的比率上主效应显著 [$F(2, 24)=4.263$，$p=0.026$，$\eta_p^2=0.262$]，进一步配对样本 T 检验发现，在平均反应时上，联合对抗的措施增加的比率（-0.279 ± 0.282）要显著小于单纯黎明模拟光上增加的比率 {（0.553 ± 0.788）；[$t(12)=3.703$，$p=0.003$]}；而单纯恢复增加的比率（-0.191 ± 0.293）也显著小于单纯黎明模拟光上增加的比率 [$t(12)=-2.980$，$p=0.011$]。

6.2.4.3 不同对抗措施对主观睡意缓冲作用的比较

在情绪的测量中，首先计算出不同条件下的积极情绪和消极情绪的分值，由于不同对抗措施条件下都有基线，为了数据的可靠真实，以积极情绪时较基线晚相比增加的比率，即（不同对抗措施晚的积极情绪-对应基线晚的积极情绪）/对应基线晚的积极情绪，以及消极情绪增加的比率，即（不同对抗措施晚的消极情绪-对应基线晚的消极情绪)/对应基线晚的消极情绪作为因变量分别进行单因素重复测量方差分析。

结果发现，不同对抗措施在积极情绪增加的比率上主效应显著［$F(2, 24)$=3.865，p=0.035，η_p^2=0.244］；在消极情绪增加的比率上的主效应不显著［$F(2, 24)$=0.221，p=0.803，η_p^2=0.018］。进一步配对样本T检验发现，在积极情绪上，联合对抗的措施增加的比率（0.051±0.392）要显著大于单纯黎明模拟光上增加的比率｛(-0.190±0.195)；［$t(12)$=-2.271，p=0.042］｝；而单纯恢复增加的比率（0.050±0.273）也显著大于单纯黎明模拟光上增加的比率［$t(12)$=2.683，p=0.020］。具体结果如图6-4所示。

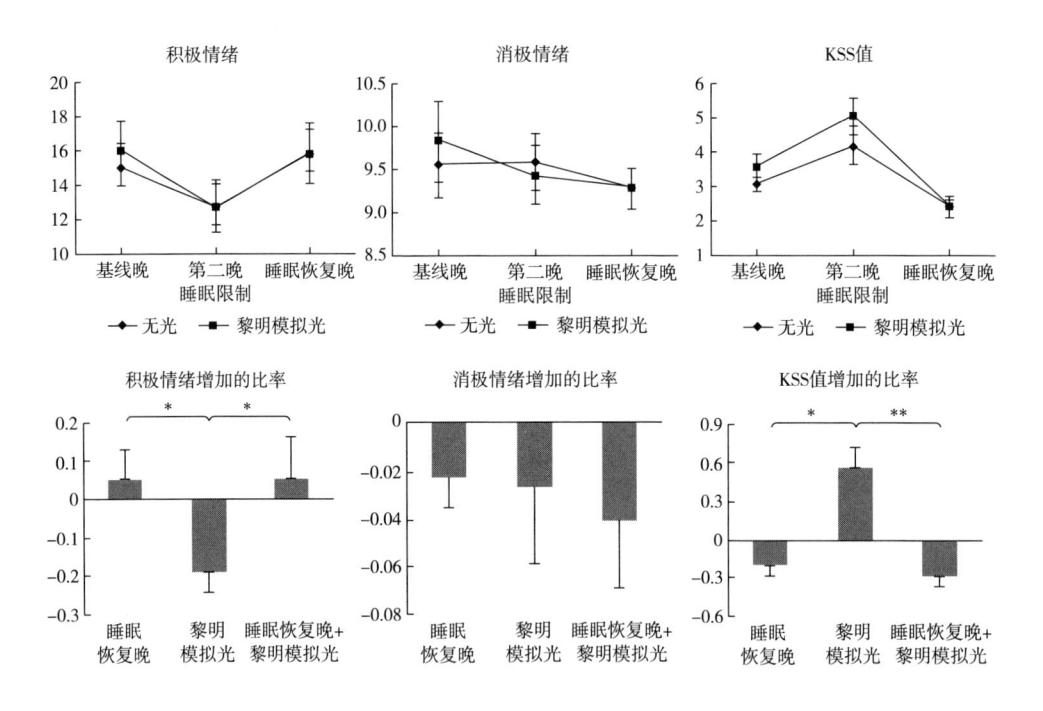

图6-4 不同对抗措施对情绪和主观睡意缓冲作用的比较

6.2.4.4 不同对抗措施对风险决策缓冲作用的比较

在风险决策任务BART中，首先计算出不同条件的调整平均数、赚的总钱数

6 研究4：睡眠恢复和黎明模拟光的共同对抗

和爆炸气球总个数，由于不同对抗措施条件下的基线不同，为了数据的可靠真实，以调整平均数较基线晚相比增加的比率，即（不同对抗措施晚-对应基线晚的调整平均数）/对应基线晚的调整平均数，赚的总钱数增加的比率，即（不同对抗措施晚赚的总钱数-对应基线晚赚的总钱数）/对应基线晚赚的总钱数和爆炸气球总个数增加的比率，即（不同对抗措施晚的爆炸气球总个数-对应基线晚的爆炸气球总个数）/对应基线晚的爆炸气球总个数作为因变量分别进行单因素重复测量方差分析。

结果发现，不同对抗措施在调整平均数增加的比率上主效应不显著 [$F(2, 24) = 0.153$，$p = 0.859$，$\eta_p^2 = 0.013$]；在赚的总钱数增加的比率上的主效应不显著 [$F(2, 24) = 1.121$，$p = 0.343$，$\eta_p^2 = 0.085$]，在爆炸气球总个数增加的比率上的主效应也没有显著差异 [$F(2, 24) = 0.624$，$p = 0.545$，$\eta_p^2 = 0.049$]。进一步配对样本T检验发现，联合对抗措施在赚的总钱数增加的比率（0.036 ± 0.210）有大于单纯黎明模拟光上增加的比率 {(-0.03 ± 0.159)，[$t(12) = -2.058$，$p = 0.062$]}。具体结果如图6-5所示。

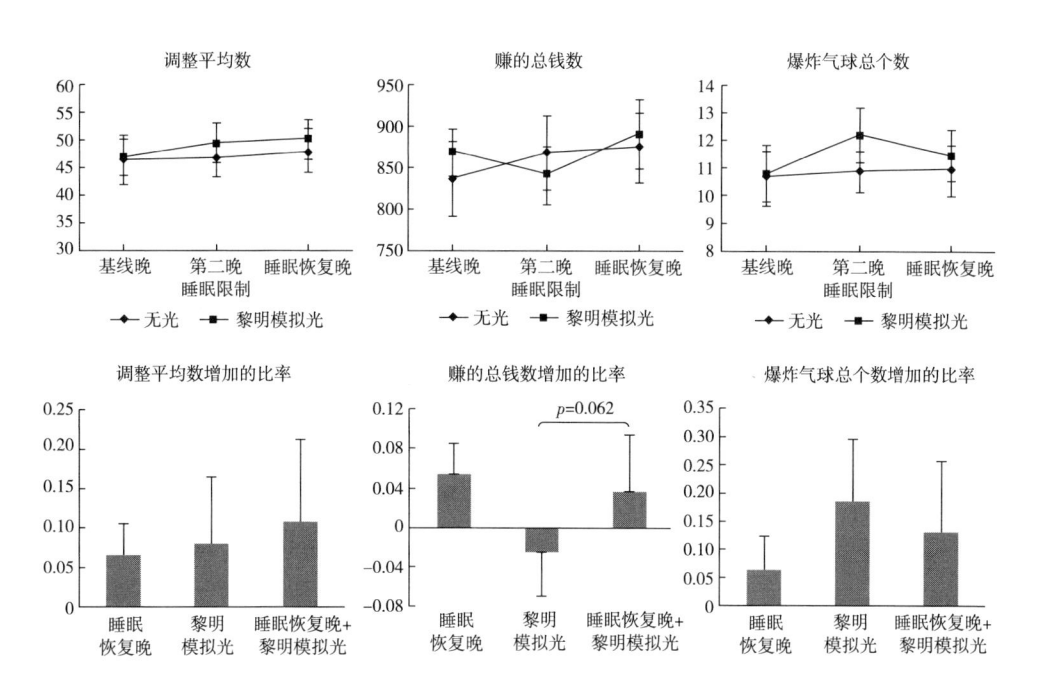

图6-5 不同对抗措施对风险决策缓冲作用的比较

6.2.5 讨论

研究 4b 比较了睡眠恢复、黎明模拟光、睡眠恢复和黎明模拟光联合对抗这三种措施的大小。结果发现，睡眠恢复和联合对抗措施在对抗客观上午的警觉性下降、主观困意上升、工作记忆水平变差、go/no go 任务水平变差和积极情绪下降上均优于黎明模拟光的作用。联合对抗措施在对抗停止信号任务上的作用要优于黎明模拟光。此外，三者在刚醒时的客观警觉性上没有显著差异。因此，本书推论黎明模拟光的作用可能在刚醒时比较大，而随着醒后时间的增长，睡眠惯性逐渐减弱，个体的各个认知表现的功能开始受到睡眠压力的增加而不太变差。这个作用和前人关于咖啡因对睡眠不足的对抗作用的结果比较一致，即这种缓冲作用有一定的时效性，随着时间逐渐变差（Kamimori et al., 2015）。因此，如果在刚醒时，需要执行反应时的简单任务，那么可以采用黎明模拟光，而如果一整天的任务都需要保持高度的警觉性、迅速的反应、准确的决策，那么仅仅光照的作用可能不够。

7 总讨论和结论

7.1 总讨论

睡眠是人类健康的一个重要组成部分，对身心的最佳运作都是必要的。睡眠不足后观察到的神经认知障碍是普遍存在的，包括注意力处理、执行功能、非陈述性记忆和陈述性记忆以及情绪调节和感官知觉方面的缺陷（Durmer et al., 2005; Walker, 2008; Goel et al., 2009b; Lowe et al., 2017）。这种损害特别值得关注，因为一些日常行为依赖于最佳的认知功能，包括日常生活的协调活动、情绪调节、药物依从性和饮食自制等（Insel et al., 2006; Vaughan & Giovanello, 2010; Gyurak et al., 2011; Ochsner et al., 2012; Best et al., 2015; Hall, 2016）。决策在心理学、管理学等学科中都是非常重要的核心概念和研究课题。小到个人理财方式的选择，大到国家社会政策的制定，风险决策无处不在又不可避免。如何认知风险并做出适宜的决策是每个人尤其是管理者需要面临的必修课。但如今，快节奏的生活使睡眠不足问题越来越普遍，人们不得不在睡眠缺失情况下对各种状况做出决策。研究表明，睡眠不足是造成决策失误进而对财产、生产安全甚至生命健康造成重大威胁的主要原因之一。但由于任务、睡眠剥夺时长、睡眠环境、控制变量不同等，睡眠不足影响风险决策的结果并不一致，其内在影响机制及如何应对的措施均缺乏系统研究。

除此之外，有学者断断续续地探讨了一些抵抗睡眠剥夺负性影响的对抗措施，但大都聚焦于警觉性注意、工作记忆等基本认知功能上，专门针对影响风险决策的对抗研究还比较欠缺。但即使是对广泛意义的认知功能影响的对抗研究中，目前也没有非常一致好评的方式，可以用来抵抗睡眠剥夺带来的损害。比如，日常生活中，大多数人群可能会选择通过周末增加睡眠的方式来缓解周一到周五睡眠不足带来的负面影响，或者通过午睡或者饮用咖啡来提神。但是也有研究发现，长期的睡眠不足会产生一种累积效应，周末增加睡眠可以在一定程度上缓解工作日睡眠不足带来的基本认知功能下降、情绪低落和困意等，但并不能完全消除这种影响（Lasselin et al., 2015）。这可能是由于恢复性睡眠时长不够造成的，需要更多的样本研究为探讨最优恢复时长提供参加。此外，午睡和咖啡因也能在一定程度上对抗睡眠缺失带来的不良影响，但这种对抗效果相对较为局限。如午睡只能在短时间内提高个体的警觉性，而且对抗作用的大小尚不清楚（Saletin et al., 2017）；咖啡的作用虽被反复证明对个体警觉性有效，但对于其他高级认知功能的作用没有一致的研究结果（Wesensten et al., 2005）。同时考虑到现实操作的便捷性，很多人群（如倒班工人、医务人员等）并没有条件进行午睡或者不习惯于喝咖啡。在寻找其他的可行措施时，我们发现，近年来兴起的光照干预特别是黎明模拟光因其操作性较高备受研究者关注。有研究指出黎明模拟光可以通过黎明模拟日出动态照明来降低对个体基本认知功能和情绪状态的影响（Giménez et al., 2010; Gabel et al., 2013），但也有研究发现这种光照的缓冲效应在第二晚睡眠限制之后就消失（Gabel et al., 2015），这可能是睡眠压力增大造成的。另外，有研究发现，晚上暴露在富含蓝光的光照条件下，能够提高第二天早上的简单任务的成绩，且这种认知水平的提高与清醒时 EEG 的客观警觉性较高有关（Scheuermaier et al., 2018）。

因此，本书拟采用多技术相结合的方法来开展睡眠不足影响风险决策的神经机制及应对研究。不仅能加深对睡眠不足和风险决策本质的理解，还可以为现实中深受睡眠不足影响的人群在面临重要决策时提供一定的指导性建议。因此，本书在系统地考察睡眠限制在行为层次的风险决策水平的影响和生理层次（包括各个阶段的睡眠时长及占比、睡眠潜伏期、REM 睡眠潜伏期、睡眠效率、入睡后觉醒时间）上的负向影响外，重点探讨了三种措施抗睡眠限制引起的负性作用的缓冲作用，并且首次采用被试的方法比较了不同对抗措施的差异。因此，本书的研究对未来关于睡眠的生理机制和黎明模拟光的非视觉作用的研究提供了一定的理论参考，也对提高睡眠限制人群在白天的合理的风险决策水平具有一定的借鉴意义。

7.1.1 睡眠限制的负性影响

近些年，关于睡眠剥夺和风险决策的关系研究较多，而对睡眠限制和风险决策的研究相对较少。49小时的完全睡眠剥夺之后个体倾向于更加做出冲动性决策（Killgore et al.，2006）。睡眠剥夺条件下由于睡眠剥夺时长和性别等因素显示出在BART任务上更加冲动（Killgore et al.，2011）或者更加不冲动（Killgore，2007）。在睡眠限制的相关研究中，有研究发现，经过4晚的睡眠限制后，个体的风险决策没有显著变化（Demos et al.，2016）。也有研究发现，经过1晚的睡眠限制之后，个体的风险决策显著提高（Rossa et al.，2014）。因此，整体来看，在完全睡眠剥夺条件下有研究发现风险决策没有显著变化，有研究发现风险决策显著降低。而在睡眠限制条件下，有研究发现风险决策没有显著变化，有研究发现风险决策显著提高。这种结果的不一致可能是风险决策的任务不同、睡眠剥夺的时长不同、睡眠环境的设置不同、考虑到的混淆变量不相同等造成的。例如，之前的研究结果显示，冲动性与大五人格的五个维度之间均显著相关（Mao et al.，2018）。Mckenna等（2007）采用彩票选择任务，考察了睡眠剥夺对个体在进行已知风险和模糊风险决策行为的影响，结果发现，个体的风险偏好受到了睡眠剥夺的影响，但在一定程度上会由预期结果调节，个体的模糊偏好则没有受到睡眠剥夺直接的影响。但是有研究认为，相对男性被试，女性在睡眠剥夺后风险行为会有所降低（Acheson et al.，2007）。可见，睡眠剥夺对个体风险行为的影响目前还没有一致的结论，还需要进一步的研究来探究睡眠缺失对风险决策的影响。因此，研究1主要采用严谨的实验室实验设计探讨了与正常睡眠相比睡眠限制条件下个体基本认知（警觉性）、高级认知（风险决策）和情绪状态的变化，同时进一步考察了睡眠限制条件下睡眠结构的变化。研究1a发现，睡眠限制对基本认知功能有显著的损害作用，即引起个体警觉性的下降，且连续两晚睡眠限制引起的损害大于一晚睡眠限制的损害。同时这种损害作用的时间很长,从上午一直持续到晚上,这与前人的研究结果比较一致(Cousins et al.,2018)。睡眠不足会抑制集中注意力和记忆能力,影响额叶和顶叶皮质的神经活动,而这两个区域对工作记忆至关重要(Frenda & Fenn,2016)。睡眠限制会导致一整天积极情绪的下降,而对消极情绪的影响不大。但有研究发现,年轻人的消极情绪更容易受到睡眠剥夺的影响(Schwarz et al.,2018)。可能两晚的睡眠限制相比完全睡眠剥夺还是比较温和的,并没有诱发个体的消极情绪。此外,睡眠限制对风险决策的影响不是很大,只有在下午时段中展现出了决策提高的倾向,而上午时段和晚上时段均没有显著差异。很多研究发现,风险决策不是单一人格特征的表现,而是受情境特征、补偿方式、年龄、性别等多种因素综合影响的结果(Figner & Weber,2011;Ferrey & Mishra,2014;Deuter et al.,2017;Mao et al.,2018),睡眠时长这一变量似乎不是一个影响决策的敏感指标。研究1b发现,在睡眠限制条件下,N1期、N2期、REM期时长所占整晚睡眠的比率有所下降,N3期比率有所上升,同时睡眠效率提高,入睡后觉醒时间下降,睡眠潜伏期下降,REM睡眠潜伏期下降;且连续两晚的睡眠限制引起的睡眠结构变化的趋势要大于1晚。与前人的研究结果较为一致(Randazzo et al.,1998;Voderholzer et al.,2011)。

7.1.2 睡眠恢复的对抗作用

研究2主要探讨睡眠恢复是否可以在一定程度上减少睡眠限制对个体认知功能和情绪状态的负面影响,同时进一步考察睡眠恢复对睡眠结构的影响。研究2a发现,睡眠恢复可以缓解睡眠限制引起的警觉性、积极情绪的降低这些负性影响,而对消极情绪和风险决策的影响不大。从研究3a的结果可以推论出,在短期睡眠限制条件下,1晚的睡眠恢复可以抵抗2晚睡眠限制的负性影响,这与之前部分研究结果比较一致(Broussard et al.,2016)。但也有研究发现,5晚的睡眠限制之后,周末补觉不能让PVT的认知水平恢复到基线水平(Agostini et al.,2016)。这种研究结果的不一致可能有两方面原因:一是由于被试不同而引起的被试睡眠历史不相同的原因,本研究的被试均为规律作息的健康大学生,之前研究的被试是青少年,两个群体对睡眠的需求可能也不太相同。二是睡眠限制时间的不同,之前的研究限制了5晚,本书则限制了两晚。研究2b发现两晚睡眠限制之后，被试 N1 期、N2 期的睡眠所占比率有所下降，N3 期比率上升，而 N1 期、N2 期和 N3 期的比率在经过 1 晚的睡眠恢复之后均能够恢复到基线水平；同时，睡眠效率在睡眠限制后有提高的趋势，睡眠恢复后则呈现出下降的趋势，入睡后觉醒时间、睡眠潜伏期和 REM 睡眠潜伏期也均在睡眠限制后呈下降趋势，在睡眠恢复后呈上升趋势。这可能由于前半段睡眠慢波占比比较大，后半段睡眠 REM 占比比较大。恢复晚睡的 10 小时中显著提高了 REM 占比（Berry et al., 2013）。睡眠限制之后，个体慢波睡眠比率提升；而睡眠恢复之后，慢波比率下降。这可能与睡眠的稳态调节有关，即清醒的时间越长，随后的睡眠就会越长或越深。

7.1.3 黎明模拟光的对抗作用

研究 3 主要考察黎明模拟光是否可以在一定程度上减少睡眠限制对个体的认知功能和情绪状态的负面影响；同时进一步探讨新型干预方式——黎明模拟光对睡眠结构的影响。研究 3a 发现，黎明模拟光可以缓解睡眠限制引起的警觉性、工作记忆能力、积极情绪及抑制控制能力的降低和风险决策增高的负性影响，且黎明模拟光的缓冲作用在睡眠限制一晚之后有好于两晚的趋势。这个研究结果与 Gabel 等（2013，2015）的研究结果比较一致，Gabel 等用 17 个被试比较了在不同光照条件下（黎明模拟光 vs. 暗光 vs. 亮光）睡眠限制之后的认知表现，结果发现，在慢性睡眠限制条件下，黎明模拟光可以显著地改善注意相关任务的表现及情绪状态。同时有研究发现，与对照组相比，黎明模拟光条件下的受试者起床时主观困倦感明显降低，主观激活感增加，睡眠惯性减少（Giménez et al., 2010）。这些影响可以通过人工黎明对皮肤温度和醒前 30 分钟清醒时间的影响来解释。人工黎明加速了起床后皮肤温度的下降以及皮肤远端到近端温度梯度的下降（Werken et al., 2010）。研究 3b 发现，与无光条件相比，黎明模拟光没有改变任何的睡眠的结构（N1 期睡眠时长、N2 期睡眠时长、N3 期睡眠时长、REM 期睡眠时长、睡眠效率、入睡后觉醒时间、睡眠潜伏期、REM 睡眠潜伏期）。而黎明模拟光条件下睡眠结构没有显著变化的结果表明，黎明模拟光影响个体认知表现可能不是通过改变睡眠结构，而很有可能是通过减缓睡眠惯性。

7.1.4 联合措施的对抗作用

研究 4 主要探讨黎明模拟光和睡眠恢复相结合的对抗方法是否可以将个体的认知功能和情绪状态恢复到基线水平,同时比较了三种不同的对抗措施(黎明模拟光 vs. 睡眠恢复 vs. 黎明模拟光和睡眠恢复的联合对抗)的差异。研究 4a 发现,经过两晚的睡眠限制后,联合对抗作用(睡眠限制晚伴随黎明模拟光的干预+两晚睡眠限制后紧跟着一晚的睡眠恢复)的客观警觉性水平、风险决策偏好水平及情绪状态都能够恢复到基线水平;甚至在联合对抗措施后,KSS 表现出了比基线更优的水平。研究 4b 发现,被试刚醒时在客观警觉性上三种对抗措施之间没有显著差异;而在醒后 30 分钟后的认知表现和情绪状态中,睡眠恢复和联合对抗这两种措施均好于黎明模拟光。由研究 4b 的结果可知,如果是睡眠限制不足刚醒时需要立即完成高要求的任务,可以通过黎明模拟光来提高工作效率,而如果想白天一整天处于高效的状态中,则可以借助补眠的方式。

7.2 研究创新

7.2.1 研究方法的创新

本书在方法上的创新主要体现在两个方面:第一,以往研究大都是被试间设计。由于睡眠实验普遍被试量较小,本书采取被试内设计,更加减少被试差异造成的对结果的影响。第二,以往研究测量被试认知任务时一般都是在清晨起床后测量,本书除了测量个体起床后的认知表现,还测量了被试下午和晚上睡前的认知表现及刚醒时的 PVT 水平,能够更加全面地探讨睡眠限制对个体的影响及黎明模拟光和睡眠恢复如何对抗睡眠限制对个体造成的负性影响。

7.2.2 研究内容的创新

在研究内容上,本书的创新之处体现在以下三个方面:第一,以往关于睡眠限制对个体认知的影响，大都集中在一些注意、记忆等基本认知和情绪，很少有关于高级认知（如风险决策）的研究。本书试图在佐证基础认知的基础上进一步深入探讨对高级认知的影响。以更加全面地了解睡眠限制负性影响的作用方式。第二，以往研究在探讨对抗睡眠限制的措施时，不是单纯地使用睡眠恢复就是单纯地使用黎明模拟光，而很少有研究将这两种措施联合起来进行探讨。第三，本书关注了黎明模拟光对个体睡眠结构的影响，这在以往的研究中没有出现过。

7.3 研究不足与未来研究方向

本书的不足之处主要体现在以下三个方面：第一，样本量不够大，研究3中关于黎明模拟光对睡眠限制负性影响的对抗作用的结果大都是出现了趋势，而没有达到显著。如果样本量增大，可以达到显著。未来的研究可以单独针对这一部分增大样本量，以验证黎明模拟光的对抗作用。第二，对实验期间被试的活动情况没有严格控制，除去实验时间和实验准备时间，被试并没有一直待在实验室，虽然叮嘱被试不要午睡、不要剧烈运动并且用体动记录仪监测其活动，但仍然无法控制所有被试的实验室之外活动是否一致。而如果一直让被试待在实验室，将无法保证与真实生活情景的相似性，即无法推广实验结果。因此，未来的研究中可以设置两组被试，以内部效度和生态效度分别为导向去探讨睡眠限制的对抗因素。第三，本书的研究没有去探讨睡眠限制的脑神经机制。有研究者认为决策行为过于复杂，需要掌握不确定环境因素的逻辑、判断、演绎推理和发散思维等趋同思维（Harrison & Horne，2000）。因此，它对睡眠剥夺的影响不敏感（Corcoran，1963；Horne & Pettitt，1985）。因此，一些研究开始研究睡眠剥夺对冒险决策的神经机制的影响，认为这种影响在神经水平上比在行为水平上更为敏感。例如，Venkatraman等（2007）采用一项较复杂的赌博任务，探讨了睡眠剥夺对风险决策大脑活动的影响，任务中被试可以通过改变下注的大小来选择增加盈利概率或减少损失概率。结果发现，睡眠剥夺与伏隔核在做冒险决定时的激活增加有关，而在睡眠剥夺后，前岛叶和眶额皮质的激活减少。然而，研究没有发现睡眠剥夺后参与者的风险决策行为有显著变化。Venkatraman 等（2011）在后续研究中发现，睡眠剥夺改变了大多数人的风险偏好，表现为从风险规避转向风险寻求。影像结果发现，睡眠剥夺增强了腹内侧前额叶（Ventromedial Prefrontal Cortex，vmPFC）区域在风险决策过程的激活，在决策结果阶段，相较于损失，vmPFC 的激活在收益时激活更为强烈；在损失条件下，脑岛和背内侧前额叶的激活受睡眠剥夺影响有所减弱；前脑岛在损失条件下的减弱与腹内侧前额叶在受益条件下的增强呈正相关。与此同时，被试在睡眠剥夺后，选择损失项的变化与腹内侧前额叶区域的激活变化呈负相关，与前脑岛区域的被激活变化值呈正相关。Gujar 等（2011）证明睡眠剥夺会增强大脑奖赏网络对奖赏刺激的活动性以及对正面情绪的加工。另一项研究发现，睡眠剥夺会暂时改变大脑特别是前额皮质的功能，而前额皮质作为参与调节和调节行为的区域，其中一些变化可能会影响认知过程，增加冒险行为的倾向（Killgore，2015）。Rao 等（2008）检查了大脑中自主冒险和非自主冒险的神经关联。结果显示，主动选择任务中的自愿性风险与中脑前额叶区域（包括中脑、腹侧纹状体和背侧纹状体、前脑岛、背侧前额叶皮层、前扣带/内侧额叶皮层以及视觉通路区域）的强烈激活有关；然而，在被动的非自愿任务中，没有观察到这些激活模式。从这些研究中，可以推断睡眠剥夺一定程度上改变了个体风险决策的行为偏好，并且影响了相应的大脑神经机制，包括对风险的加工以及对结果的预期等。因此，关于不同的脑部结构是否可以预测个体对睡眠限制引起的不同认知功能的敏感性可能是未来一个研究方向。

另外，未来还可以关注以下两方面的研究：第一，关注睡眠对风险决策影响的群体差异。关于神经机制，对青少年和成年人的研究一致发现，较差的睡眠质量表明脑岛有更大的激活。由于脑岛在雕刻和奖赏处理过程中扮演着重要的角色，睡眠可能会增加奖赏的相对显著性，促使个体做出更危险的行为（Gujar et al., 2011；Telzer et al., 2013）。第二，关注睡眠对风险决策和风险决策行为的影响的差异。心理学家和经济学家一直致力于研究冒险行为，试图了解导致个体参与或不参与冒险行为的影响因素（Brown，2008）。而近年来，开始有研究探讨睡眠缺失对冒险行为的影响。大多数研究发现，当个体越困时，所参与冒险行为的倾向增加（Harrison & Horne，1998）。除了完全或部分睡眠不足之外，睡眠质量差或嗜睡也会增加个人冒险行为（Wong et al.，2017）。在之前的一项研究中，参与者完成了SSS和BART任务，结果表明，嗜睡与冒险行为之间不是线性关系，而是曲线关系。与困倦程度较低或较高的参与者相比，中度睡眠的参与者完成冒险任务的时间更长，充气更多，爆破更多气球（Hisler & Krizan，2017）。另一项荟萃分析表明，睡眠不足与冒险风险增加1.43倍有关。这种关系存在于各种冒险行为中，包括饮酒、吸烟、冒险运输、冒险性行为等（Short & Weber，2018）。此外，睡眠—觉醒模式被发现与青春期的冒险行为有关（O'Brien & Mindell，2005）。准确地说，报告周末延迟时间较长和睡眠问题较高的青少年也报告了明显较高的冒险行为。

7.4 本书启示

任何个体、社会和国家都需要在有风险和不确定性的情形下进行有效决策。然而，随着工业4.0的到来，《人工智能2.0发展战略研究》和《新一代人工智能发展规划》的相继发布与实施，人工智能、大数据、虚拟现实等技术得到了快速发展。新技术、新方法、新设备的不断引入，导致人类工作和生活的环境与系统均发生了巨大变化，呈现出高度集成化、智能化、复杂化的趋势。人在系统中的作用也发生重要变革，对于体力负荷要求日益下降，对于人的脑力负荷、认知、情感和决策等方面的需求大幅上升。人的因素成为了影响系统工程的实施和管理的最主要因素。已有研究表明，人机系统中约80%的事故是由于人的因素导致的。由于科技的快速发展、科技产品增多、工作压力变大等原因，睡眠不足的现象越来越普遍，导致在做决策时经常受到干扰，如何消除睡眠剥夺带来的对风险决策的负性影响变得尤为重要。首先睡眠补偿是一种常用的对抗措施，但关于睡眠恢复作用的研究目前还没有完全一致；其次很多人没有机会补充睡眠或在有机会补充睡眠之前的工作相当重要，非常有必要探讨其他更加具有可操作性的对抗措施。本书拟采用严格的实验室方法探讨传统的恢复性睡眠和新型的黎明模拟光对睡眠不足影响风险决策的对抗作用，以期为现实中深受睡眠不足影响的人群以及特殊工作岗位的工作者（如值班医生、长途运输车司机、值岗军人等）在面临重要决策时提供参考建议。另外，本书首次尝试在研究中同时探讨传统的恢复性睡眠和新型的黎明模拟光的对抗作用。两种方式的对比结果可以为深受睡眠不足困扰的不同类型人群在面临不同情况做出不同的风险决策时提供一定的指导建议。

7.5 结 论

本书结合行为测试和睡眠多导记录仪 PSG 技术，系统地探讨了睡眠限制的负性影响及其对抗措施。得到如下主要结论：

（1）睡眠限制确实会引起个体警觉性的下降和风险决策的提升，同时会导致个体积极情绪的下降，且连续两晚的睡眠限制引起的损害大于一晚的睡眠限制。

（2）睡眠限制也会引起 N1 期、N2 期、REM 期时长所占整晚的比率的下降和 N3 期时长所占比率的上升，同时，导致睡眠效率提高、入睡后觉醒时间下降、睡眠潜伏期下降、REM 睡眠潜伏期下降。且连续两晚的睡眠限制引起的睡眠结构变化的趋势要大于一晚的睡眠限制。

（3）睡眠恢复可以缓解睡眠限制引起的警觉性和积极情绪的降低这些负性影响，而对消极情绪和风险决策的影响不大。

（4）两晚睡眠限制之后，被试的 N1 期和 N2 期睡眠所占比率下降，N3 期所占比率上升，而 1 晚的睡眠恢复之后，个体的 N1 期、N2 期和 N3 期的睡眠结构能够恢复到基线阶段。同时，睡眠效率在睡眠限制后有提高的趋势，睡眠恢复后则呈现出下降的趋势，而入睡后觉醒时间、睡眠潜伏期和 REM 睡眠潜伏期也均在睡眠限制后下降，在睡眠恢复后呈上升趋势。

（5）黎明模拟光可以缓解睡眠限制引起的警觉性、积极情绪的降低和风险决策增高的负性影响，且黎明模拟光的缓冲作用在睡眠限制一晚后有好于两晚的趋势。

（6）与无光条件相比，黎明模拟光没有改变任何睡眠的结构（N1 期、N2 期、N3 期、REM 期睡眠时长，睡眠效率，入睡后觉醒时间，睡眠潜伏期，REM 睡眠潜伏期）。

（7）经过两晚的睡眠限制之后，联合对抗作用（睡眠限制晚伴随黎明模拟光的干预+两晚睡眠限制后紧跟着一晚的睡眠恢复）能够使客观警觉性水平、风险决策大小及情绪状态都恢复到基线水平。甚至在联合对抗措施后，KSS 和 SST 均表现出了比基线更优的水平。

（8）被试刚醒时在客观警觉性上的三种对抗措施之间没有显著差异；而在醒后 30 分钟后的认知表现和情绪状态中，睡眠恢复和联合对抗这两种措施均好于黎明模拟光。

附　录

附录1：睡眠活动腕表佩戴同意书

《睡眠活动腕表》是用以评估睡眠状态的迷你居家睡眠检查仪器，借由佩戴如手表的仪器，长时间记录个体日常活动量和睡眠的状况，用以评估个体的睡眠困扰，以及协助处理睡眠问题。此项检查的原理是使用加速度传感器记录身体动作的变化及个体接受之光照量和时间，以作为睡眠相关活动的指针数据。

在研究中，需要您配合下列事项：

（1）此项检查需连续至少一周将活动腕表佩戴在手腕上（非惯用手）。

（2）此仪器为高科技产品，请于洗澡或游泳等长时间接触水的情况下，将腕表取下，并请勿大力碰撞。

（3）因腕表的价格不菲，请在取下后妥善保存，切勿遗失；若不慎遗失，或恶意损毁，受试者需负相关之赔偿责任。

（4）请在睡前和起床各按记录键两次，醒来时按一次，取下手表时按一次，运动时如不取手表也请按一次。

（5）当您取下腕表与佩戴腕表时，请如实填写腕表行为记录表。

若您有任何腕表使用上的问题，请与我们联络，我们的联络方式为：

电话：xxx　　　　　　　主试人员：xxx

若您已了解腕表的使用注意事项，愿意配合以腕表记录您平日的睡眠状态，并遵守上述规则，请在下方签名，谢谢您的配合。

被试：_____（签名）

日期：　　　　年　　　月　　　日

主试：_____（签名）

腕表编号：_____

日期：　　　　年　　　月　　　日

附录 2：知情同意书

1. 研究题目

睡眠限制条件下黎明模拟光和睡眠恢复对个体风险决策的影响。

2. 主试信息

主试姓名：xxx；电话：xxx；邮箱：xxx。

3. 实验目的

主要考察黎明模拟光和睡眠恢复对睡眠限制条件下个体认知、情绪及冲动性的影响。

4. 实验过程

实验开始前一周，被试需佩戴手腕表并填写睡眠日志；正式实验开始期间，被试除了继续佩戴手腕表和填写睡眠日志外，还需要在规定时间段内完成主观量表评估和客观认知任务，同时需要在睡前安装多导睡眠监测仪。

5. 实验时间

实验前需要佩戴 Actigraph 一周，然后正式实验期间需要在实验室睡 5 晚。每天晚上根据睡眠时间提前 3 小时（洗漱+安装 PSG+做任务）到达实验室，第二天早上醒来 3 小时（做任务+拆下 PSG+洗漱）后离开。

6. 实验受益及潜在的风险

（1）实验受益。

1）了解自己的夜间睡眠状态；

2）实验之后获得一定的报酬；

3）实验期间享有免费的5天早餐。

（2）潜在的风险。

1）连续两个晚上睡眠时间为6小时，可能会导致第二天白天有轻微的困意，略微影响第二天的认知加工功能和情绪状态；

2）为监测被试的夜间睡眠，需要给被试安装电极片，安装期间被试可能会感到一定程度的不适。

（3）风险防护措施。

1）任务开始之前的适应一晚，会让被试先适应睡眠实验室的睡眠环境，并且将适应晚的睡眠时间设置为9小时，以减少之前可能的睡眠不足对后续睡眠限制引起的对认知功能的损害的累积效应；

2）连续两晚睡眠限制后，还会有一个晚上的睡眠恢复（10小时），以确保实验结束之前减少对被试认知功能和情绪状态的影响；

3）实验的主试均在医院接受了相关的培训，已熟练掌握相关技能，能在很大程度上缓解被试的不适；

4）安装电极片期间主试会经常询问被试的感受，及时了解其需求并尽量满足；

5）睡眠研究中心实验室配备了急救箱，所有的实验主试手机通讯录里也保存好校医院的急诊电话；

6）为被试购买了实验期间的保险。

7. 被试的权利和义务

（1）权利。

实验过程中被试若出现因实验导致的身体不适，或其他因实验产生的不良感受均可以随时通知研究人员要求退出实验。

（2）义务。

1）实验开始前，需向研究人员提供真实可靠的个人身心状况信息，不得欺瞒。如果被发现，研究人员有权终止本次实验。

2）实验开始前 1 周，需按照实验要求佩戴 Actigraph 手腕表，若无特殊情况不得随意脱下，在有特殊情况必须脱下时务必请示研究人员获得许可。若发现中途未经允许随意脱下或丢失，则根据具体情况扣除实验报酬或进行相应赔偿，严重者将取消实验资格。

3）实验开始前 1 周，需按时填写睡眠日志，提交真实详尽的睡眠信息。

4）正式实验期间，需按照研究人员指示认真完成各项实验任务，务必根据研究人员的安排进行实验，不得擅自进行与实验无关的行为和活动。

5）正式实验期间，不得长时间进行剧烈的户外活动（如爬山、攀岩、蹦极、拉练等）。若发现有上述情况，研究人员有权终止本次实验。如果因为被试个人原因未能完成全部实验，则不给予任何实验报酬。

8. 保密原则

如果您决定参加本项研究，您参加实验的所有个人信息和资料将会受到严格保密。您的材料和实验数据仅供研究人员查阅和提取。

知情同意签字：

我已阅读了本知情同意书，并对本项研究的目的、内容及双方的权利和义务等方面进行了了解，我自愿参加本项研究。

被试签名：

日期：

附录 3：半结构式失眠评估问卷

1. 基本数据

姓名：　　　　性别：　　　　评估日期：　　年　月　日

年龄：　　　　出生日期：　　年　月　日

身高：　　　　体重：　　　　学院：

年级：　　　　是否独生：　　　　城镇/农村：

2. 睡眠问题主诉

问题	频率/严重度	问题	频率/严重度
□入睡困难		□早上不清醒	
□无法维持较长睡眠		□白天嗜睡	
□睡眠品质不好/浅睡		□多梦	
□太早起无法再入睡		□打鼾	
□需安眠药才能入睡		□其他	

睡眠问题对自己的影响：

□整体精神（疲劳、嗜睡、亢奋等）：

□情绪动机（烦躁、易怒、忧郁、动机下降等）：

□认知表现（工作/学业、记忆、注意力、思考能力等）：

□健康方面：

□其他方面：

3. 睡眠问题病史

开始时间（时间/原因）：

过程：

开始有睡眠问题之前睡得如何：

开始至今有何变化：

改变（恶化/改善）的原因：

目前的治疗方法/效果：

过去曾用过的治疗方法/效果：

此次求诊原因：

期待接受何种治疗：

治疗目标：

4. 睡眠习惯

	周间	周末
睡前活动		

续表

	周间	周末
上床时间		
关灯就寝时间		
入睡所需时间		
半夜醒来次数/时数		
早上醒来时间		
起床时间		
平均睡眠量		
午睡/打盹		

睡不着时做些什么：

睡不着时想些什么：

5. 与睡眠有关的行为物质使用

☐咖啡（量/时间）： ☐烟（量/时间）：

☐茶（量/时间）： ☐酒（量/时间）：

☐其他咖啡因饮料（名称/量/时间）：

☐其他刺激性物质（名称/量/时间）：

☐运动（频率/时间）： ☐晚上喝水（量/时间）：

☐在床上从事其他活动： ☐睡眠环境（噪声、光线等）：

☐在自家以外的地方睡的如何：

☐通常在一天之中何时工作效能最好：

☐早上 ☐中午

☐下午 ☐晚上

☐深夜 ☐其他

☐身体疾病史

过去有无重大身体疾病： 曾经开刀或住院：

现在有无任何身体疾病： 目前有无服用任何药物：

6. 心理/精神问题史

压力（压力原与因应）

□家庭方面：　　　　　　　　□工作方面：

□人际关系：　　　　　　　　□其他压力：

人格特质：

忧郁相关症状：

生理：□食欲改变　□疲倦　□性欲下降

情绪：□经常哭泣　□无法体验到快乐　□悲伤

认知：□无价值感、无望感、罪恶感　□无法集中注意力

其他：□自伤　□社交退缩

焦虑相关症状：　　　　　　　药物/酒精滥用：

其他精神疾病史：　　　　　　家族精神疾病史：

7. 睡眠异常的评估

□Restless Legs（未睡躺着不动时，手脚有无奇怪的感觉，一定要动一动才会消失）

□PLM（相关疾病：□贫血　□末梢神经病变　□血液循环不良　□肾脏病　□糖尿病）

□Sleep Disordered Breathing

相关症状：□打鼾　□睡觉时呛到　□睡觉时有窒息感/呼吸暂停
　　　　　□醒来时感到头痛　□醒来时口干　□白天嗜睡　□夜间频尿
　　　　　□其他

相关特征：□肥胖　□粗脖子　□下颚内缩　☑过度咬合　□其他

□Gastro-Esophageal Reflux

□Parasomnias：

□梦魇　□夜惊　□梦游　□说梦话　□磨牙　□其他

□Narcolepsy：

□Daytime somnolence/Sleep attacks　□Cataplexy　□Sleep fragmentation

□Sleep paralysis　□Hypnagogic hallucination

□其他睡眠疾患

□家族睡眠病史

附录4：失眠严重指数量表（ISI）

1. 请评估您过去两个星期睡眠问题的严重程度。

	没有	轻微	普通	严重	非常严重
a. 入睡困难	0	1	2	3	4
b. 难以维持睡眠	0	1	2	3	4
c. 太早就醒了的问题	0	1	2	3	4

2. 您对过去两个星期的睡眠状况满意度如何？

非常满意	满意	中等	不满意	非常不满意
0	1	2	3	4

3. 您认为您的睡眠问题妨碍您日常运作（例如，日间疲劳、处理工作/日常事务的能力、集中力、记忆、情绪等）到哪一种程度？

完全没有妨碍	少许	颇为	非常	极为妨碍
0	1	2	3	4

4. 您的睡眠问题对降低生活质量而言，在其他人眼中有多明显？

完全不明显	仅为	颇为	非常	极为明显
0	1	2	3	4

5. 您对您现时的睡眠问题有多忧虑/苦恼？

完全没有	少许	颇为	非常	非常大
0	1	2	3	4

附录 5：KSS 量表

指导语：请对您当前的警觉状态进行评定，即此刻您感觉到您的困倦程度

1. 极度清醒
2. 非常清醒
3. 清醒
4. 比较清醒
5. 既不清醒也不困乏
6. 有点困倦
7. 有点困乏，但无须费力保持清醒
8. 非常困倦，需努力保持清醒
9. 极度困倦，需极力保持清醒

附录 6：GHQ 量表

指导语：请仔细阅读下面的每个句子，根据您近几周的感觉做出"是"或"否"的回答，并在每道题后用"√"标出。

	是	否
1. 大致来说样样事情都颇开心		
2. 您是不是做事情都能够集中精神		
3. 是不是很满意自己做事情的方式		
4. 最近是否忙碌及充分利用时间		
5. 处理日常事务是不是和别人一样好		

续表

	是	否
6. 是不是觉得自己在很多事情上都能帮忙或提供一些意见		
7. 觉得自己的将来还有希望		
8. 能够开心地过您平日正常的生活		
9. 是不是容易同人相处		
10. 觉得很不开心及闷闷不乐		
11. 觉得做人没有什么意思		
12. 对自己失去信心		
13. 觉得人生完全没有希望		
14. 觉得自己是个无用的人		
15. 整天觉得人生好似战场一样		
16. 因为神经太过紧张觉得有时什么事情都做不到		
17. 是不是心情烦躁睡得不好		
18. 整天觉得心神不安与紧张		
19. 是不是觉得整天有精神压力		
20. 是不是因为担心而睡不着		

附录7：焦虑自评量表（SAS）

指导语：下面有20个条目，请仔细阅读每一条，然后根据您最近1周的实际情况在适当的方格里画"√"。

	没有或很少时间	小部分时间	相当多时间	绝大部分或全部时间
1. 我觉得比平常容易紧张和着急	1	2	3	4
2. 我无缘无故地感到害怕	1	2	3	4
3. 我容易心里烦乱或觉得惊恐	1	2	3	4
4. 我觉得我可能将要发疯	1	2	3	4

续表

	没有或很少时间	小部分时间	相当多时间	绝大部分或全部时间
5. 我觉得一切都好，也不会发生不幸	1	2	3	4
6. 我手脚发抖打颤	1	2	3	4
7. 我因为头痛、头颈痛和背痛而苦恼	1	2	3	4
8. 我感觉容易衰弱和疲乏	1	2	3	4
9. 我觉得心平气和，并且容易安静坐着	1	2	3	4
10. 我觉得心跳得很快	1	2	3	4
11. 我因为一阵阵头晕而苦恼	1	2	3	4
12. 我有晕倒发作或觉得要晕倒似的	1	2	3	4
13. 我呼气、吸气都感到很容易	1	2	3	4
14. 我手脚麻木和刺痛	1	2	3	4
15. 我因为胃痛和消化不良而苦恼	1	2	3	4
16. 我常常要小便	1	2	3	4
17. 我的手常常是干燥温暖的	1	2	3	4
18. 我脸红发热	1	2	3	4
19. 我容易入睡，并且一夜睡得很好	1	2	3	4
20. 我做噩梦	1	2	3	4

附录8：匹兹堡睡眠质量指数（PSQI）

指导语：下面一些问题是关于您最近1个月的睡眠状况，请选择或填写最符合您近1个月实际情况的答案。

1. 近1个月，晚上上床睡觉通常是_____点钟（请用24小时时间制填写）。

2. 近1个月，从上床到入睡通常需要_____分钟。

3. 近1个月，通常早上_____点起床（请用24小时时间制填写）。

4. 近1个月，每夜通常实际睡眠_____小时（不等于卧床时间）。

对下列问题请选择1个最适合您的答案：

5. 近1个月，因下列情况影响睡眠而烦恼：

（1）入睡困难（30分钟内不能入睡）

1）无　　　　2）<1次/周　　　3）1~2次/周　　　4）≥3次/周

（2）夜间易醒或早醒

1）无　　　　2）<1次/周　　　3）1~2次/周　　　4）≥3次/周

（3）夜间去厕所

1）无　　　　2）<1次/周　　　3）1~2次/周　　　4）≥3次/周

（4）呼吸不畅

1）无　　　　2）<1次/周　　　3）1~2次/周　　　4）≥3次/周

（5）咳嗽或鼾声高

1）无　　　　2）<1次/周　　　3）1~2次/周　　　4）≥3次/周

（6）感觉冷

1）无　　　　2）<1次/周　　　3）1~2次/周　　　4）≥3次/周

（7）感觉热

1）无　　　　2）<1次/周　　　3）1~2次/周　　　4）≥3次/周

（8）做噩梦

1）无　　　　2）<1次/周　　　3）1~2次/周　　　4）≥3次/周

（9）疼痛不适

1）无　　　　2）<1次/周　　　3）1~2次/周　　　4）≥3次/周

（10）其他影响睡眠的事情

1）无　　　　2）<1次/周　　　3）1~2次/周　　　4）≥3次/周

如有，请说明：_____

6. 近1个月，总的来说，您认为自己的睡眠质量

（1）很好　　（2）较好　　　（3）较差　　　（4）很差

7. 近1个月，您用药物催眠的情况

（1）无　　　（2）<1次/周　　（3）1~2次/周　　（4）≥3次/周

8. 近1个月，您常感到困倦吗？

（1）无　　　（2）<1次/周　　（3）1~2次/周　　（4）≥3次/周

9. 近1个月，您做事情的精力不足吗？

(1) 没有　　　(2) 偶尔有　　　(3) 有时有　　　(4) 经常有

附录9：Beck抑郁自评量表（BDI）

指导语：以下是一个问卷，由13道题组成，每一道题均有4句短句，代表4个可能的答案。首先，请您仔细阅读每一道题的所有回答。其次，从中选出一个最能反映您此刻情况的句子，在它前面的数字上画个圈，再接着回答下一题。

1. 我不感到忧郁

（1）我感到忧郁或沮丧。

（2）我整天忧郁，无法摆脱。

（3）我十分忧郁，已经忍受不住。

2. 我对未来并不感到悲观失望

（1）我感到前途不太乐观。

（2）我感到我对前途不抱希望。

（3）我感到今后毫无希望，不可能有所好转。

3. 我并无失败的感觉

（1）我觉得和大多数人相比我是失败的。

（2）回顾我的一生，我觉得那是一连串的失败。

（3）我觉得我是个彻底失败的人。

4. 我并不觉得有什么不满意

（1）我觉得我不能像平时那样享受生活。

（2）任何事情都不能使我感到满意一些。

（3）我对所有的事情都不满意。

5. 我没有特殊的内疚感

（1）我有时感到内疚或觉得自己没价值。

（2）我感到非常内疚。

（3）我觉得自己非常坏，一文不值。

6. 我没有对自己感到失望

（1）我对自己感到失望。

（2）我讨厌自己。

（3）我憎恨自己。

7. 我没有要伤害自己的想法

（1）我感到还是死掉的好。

（2）我考虑过自杀。

（3）如果有机会，我还会杀了自己。

8. 我没失去和他人交往的兴趣

（1）和平时相比，我和他人交往的兴趣有所减退。

（2）我已失去大部分和人交往的兴趣，我对他们没有感情。

（3）我对他人全无兴趣，也完全不理睬别人。

9. 我能像平时一样做出决断

（1）我尝试避免做决定。

（2）对我而言，做出决断十分困难。

（3）我无法做出任何决断。

10. 我觉得我的形象一点儿也不比过去糟

（1）我担心我看起来老了，不吸引人了。

（2）我觉得我的外表肯定变了，变得不具吸引力。

（3）我感到我的形象丑陋且讨人厌。

11. 我能像平时那样工作

（1）我做事时，要额外地努力才能开始。

（2）我必须努力强迫自己，方能干事。

（3）我完全不能做事情。

12. 和以往相比，我并不容易疲倦

（1）我比过去容易觉得疲乏。

（2）我做任何事都感到疲乏。

（3）我太疲乏了，不能干任何事。

13. 我的胃口不比过去差

（1）我的胃口没有过去那样好。

（2）现在我的胃口比过去差多了。

（3）我一点儿食欲都没有。

附录10：清晨型和夜晚型问卷

指导语：在每项问题中，请选出最能形容您在过去几星期的感受的句子，并圈上句旁的数字。

1. 如果您能够完全自由地计划白天的时间，您希望大约在什么时间起床？

（1）早上5点至6点半

（2）早上6点半至7点45分

（3）早上7点45分至9点45分

（4）早上9点45分至11点

（5）早上11点至正午12点

2. 如果您能够完全自由地计划夜晚的时间，您希望大约在什么时间去睡觉？

（1）晚上8点至9点

（2）晚上9点至10点15分

（3）晚上10点15分至12点半

（4）12点半至1点45分

（5）凌晨1点45分至3点

3. 如果您要在早上的某个时刻起床，您会有多么依赖闹钟来唤醒您？

（1）完全不依赖

（2）略为依赖

（3）比较依赖

（4）非常依赖

4. 在早上时，您有多容易起床？（当您没有被突如其来的事唤醒）

（1）非常困难

（2）比较困难

（3）一般容易

（4）非常容易

5. 早上起床后的半小时内，您有多精神？

（1）完全不精神

（2）一点儿精神

（3）一般精神

（4）非常精神

6. 在起床后的半小时内，您感到有多肚饿？

（1）完全不肚饿

（2）一点儿肚饿

（3）一般肚饿

（4）非常肚饿

7. 清晨起床后的半小时内，您的感觉如何？

（1）非常疲倦

（2）稍为疲倦

（3）一般清醒

（4）非常清醒

8. 如果在第二天您没有任何约会，相比您平时习惯的时间，您会选择什么时间去睡觉？

（1）较平常推迟很少或从不推迟

（2）较平常推迟不到 1 小时

（3）较平常推迟 1~2 小时

（4）较平常推迟 2 小时以上

9. 假设您决定要开始做运动，您的朋友建议您应一周进行两次一小时的运动，而且在早上 7~8 点为最佳时间。请谨记您只需考虑自己的生理时钟，您认为您会表现得怎么样？

（1）很好的表现

（2）一般好地表现

（3）难以执行

（4）非常难以执行

10. 在夜晚您大约到什么时候您会感到疲倦，而且需要睡觉？

（1）晚上 8 点至 9 点

（2）晚上 9 点至 10 点 15 分

（3）晚上 10 点 15 分至 12 点 45 分

（4）12 点 45 分至 2 点

（5）凌晨 2 点至 3 点

11. 假设您希望在一项会令您精神疲累而且需持续 2 个小时的测试中取得最佳表现时，如果您能完全自由地计划您的时间，仅需考虑您自己的生理时钟，您会选择以下哪段考试时间？

（1）早上 8 点至 10 点

（2）早上 11 点至下午 1 点

（3）下午 3 点至下午 5 点

（4）晚上 7 点至 9 点

12. 如果您要在晚上 11 点去睡觉，您会有多疲倦？

（1）完全不疲倦

（2）小小疲倦

（3）一般疲倦

（4）非常疲倦

13. 假设因为某些原因，您比平时晚几个小时去睡觉，但又不需在第二天早上的特定时间起床，您最可能出现以下哪种情况？

（1）按平常的时间起床，而且不会再睡

（2）按平常的时间起床，但感到昏昏欲睡

（3）按平常的时间起床，然后再睡

（4）较平常的时间迟起床

14. 假设因为您要当夜更，而您要在清晨 4~6 点时需要保持清醒，而第二天您没有任何约会。以下哪种情况最适合您？

（1）当夜更结束后才去睡觉

（2）当夜更前片刻小睡，而结束后再睡觉

（3）当夜更前睡一觉，结束后再小睡

（4）只在当夜更前睡一觉

15. 假设您需要进行一项 2 小时的艰巨体力工作，您可以完全自由地计划时间，仅需考虑您自己的生理时钟，您会选择以下哪个时段？

（1）上午 8 点至 10 点

（2）上午 11 点至下午 1 点

（3）下午 3 点至 5 点

（4）夜晚 7 点至 9 点

16. 假设您决定要开始做运动，您的朋友建议您应一周进行两次一小时的运动，而且在晚上 10~11 点为最佳时间。您只需考虑自己的生理时钟，您认为您会有怎么样的表现？

（1）很好的表现

（2）一般的表现

（3）难以执行

（4）非常难以执行

17. 假设您可以选择自己的工作时间，您每天只需工作 5 小时（包括休息时间），而这项工作是很有趣的，酬金会依据您的工作表现，您会选择以下哪个时段呢？

（1）5 小时，由早上 4 点至 8 点期间开始

（2）5 小时，由早上 8 点至 9 点期间开始

（3）5 小时，由早上 9 点至下午 2 点期间开始

（4）5 小时，由下午 2 点至 5 点期间开始

（5）5 小时，由下午 5 点至凌晨 4 点期间开始

18. 一天之中以下哪个时段是您的最佳时间？

（1）早上 5 点至 8 点

（2）早上 8 点至 10 点

（3）早上 10 点至下午 5 点

（4）下午 5 点至晚上 10 点

（5）晚上 10 点至凌晨 5 点

19. 人可分为"清晨"型和"夜晚"型，您认为您自己属于哪一类型？

（1）绝对"清晨"型

（2）"清晨"型多过"夜晚"型

（3）"夜晚"型多过"清晨"型

（4）绝对"夜晚"型

附录 11：PANAS 量表

请对您当前的情绪状态进行评估，答案并无对错之分，请根据实际情况作答，注意不要遗漏题目（请在相应方框内打"√"）。

	非常轻微或没有	比较轻微	中等程度	比较强烈	非常强烈
活跃的	1	2	3	4	5
羞愧的	1	2	3	4	5
难过的	1	2	3	4	5
充满热情的	1	2	3	4	5
快乐的	1	2	3	4	5
害怕的	1	2	3	4	5
紧张的	1	2	3	4	5
兴高采烈的	1	2	3	4	5
兴奋的	1	2	3	4	5
惊恐的	1	2	3	4	5
内疚的	1	2	3	4	5

续表

	非常轻微或没有	比较轻微	中等程度	比较强烈	非常强烈
自豪的	1	2	3	4	5
欣喜的	1	2	3	4	5
易怒的	1	2	3	4	5
战战兢兢的	1	2	3	4	5
精力充沛的	1	2	3	4	5
感激的	1	2	3	4	5
恼怒的	1	2	3	4	5

参考文献

[1] Acebo C., Sadeh A., Seifer R., et al. Estimating sleep patterns with activity monitoring in children and adolescents, how many nights are necessary for reliable measures? [J]. Sleep, 1999, 22 (1): 95-103.

[2] Achermann P., Borbely A. A. Simulation of daytime vigilance by the additive interaction of a homeostatic and a circadian process [J]. Biological Cybernetics, 1994, 71 (2): 115-121.

[3] Acheson A., Richards J. B., de Wit H. Effects of sleep deprivation on impulsive behaviors in men and women [J]. Physiology & Behavior, 2007, 91 (5): 579-587.

[4] Adamsson M., Laike T., Morita T. Annual variation in daily light exposure and circadian change of melatonin and cortisol concentrations at a northern latitude with large seasonal differences in photoperiod length [J]. Journal of Physiological Anthropology, 2017, 36 (6): 1-15.

[5] Audrain-McGovern J., Rodriguez D., Tercyak K P., et al. Identifying and characterizing adolescent smoking trajectories [J]. Cancer Epidemiol, Biomarkers & Prevention, 2004 (13): 2023-2034.

[6] Agnew H., W. Jr, Webb W. B., Williams R. L. The first night effect, an EEG study of sleep [J]. Psychophysiology, 1966 (2): 263.

[7] Agostini A., Carskadon M. A., Dorrian J., et al. An experimental study of adolescent sleep restriction during a simulated school week, changes in phase, sleep

staging, performance and sleepiness [J]. Journal of Sleep Research, 2016, 26 (2): 227-235.

[8] Akerstedt T., Gillberg M. Subjective and objective sleepiness in the active individual [J]. International Journal of Neuroscience, 1990 (52): 29-37.

[9] Alhola P., Polo-Kantola P. Sleep deprivation, impact on cognitive performance [J]. Neuropsychiatr Dis Treat, 2007, 3 (5): 553-567.

[10] Almklov E. L., Drummond S. P. A., Orff H., Alhassoon O. M. The effects of sleep deprivation on brain functioning in older adults [J]. Behavioral Sleep Medicine, 2015, 13 (4): 324-345.

[11] Altaras-Dimitrijevic, Ana. A faceted eye on intellectual giftedness, Examining the personality of gifted students using FFM domains and facets [J]. Psihologija, 2012, 45 (3): 231-256.

[12] American Academy of Sleep Medicine. International classification of sleep disorders, Diagnostic and coding manual [M]. Rochester: AASM, 2005.

[13] American Sleep Disorders Association. Practice parameters for the use of actigraphy in the clinical assessment of sleep disorders [J]. Sleep, 1995, 18 (4): 285-287.

[14] Anders T. F., Halpern L. F., Hua J. Sleeping through the night, A developmental perspective [J]. Pediatrics, 1992, 90 (4): 554-560.

[15] Annane D. Light therapy and chronobiology in critical ilness. The Lancet Respiratory Medicine [EB/OL]. [2016-02-16]. http://xdoi.org/10.101/2213-2600 (16) 0005-2.

[16] Arble D. M., Bass J., Laposky A. D., et al. Circadian timing of food intake contributes to weight gain [J]. Obesity, 2009 (17): 2100-2102.

[17] Aserinsky E., Kleitman N. Regularly occurring periods of eye motility, and concomitant phenomena, during sleep [J]. Science, 1953, 118 (3062): 273-274.

[18] Avery D. H., Kouri M. E., Monaghan K., et al. Is dawn simulation effective in ameliorating the difficulty awakening in seasonal affective disorder associated with hypersomnia? [J]. Journal of Affective Disorders, 2002, 69 (1-3): 231-236.

[19] Axelsson J., Kecklund G., Akerstedt T., et al. Sleepiness and performance in response to repeated sleep restriction and subsequent recovery during semi-laboratory conditions [J]. Chronobiology International, 2008 (25): 297-308.

[20] Banks S., Catcheside P., Lack L., Grunstein R. R., McEvoy R. D. Low levels of alcohol impair driving simulator performance and reduce perception of crash risk in partially sleep deprived subjects [J]. Sleep, 2004, 27 (6): 1063-1067.

[21] Banks S., Dinges D. F. Behavioral and physiological consequences of sleep restriction [J]. Journal of Clinical Sleep Medicine, 2007 (3): 519-528.

[22] Banks S., Van Dongen H. P. A., Maislin G., et al. Neurobehavioral dynamics following chronic sleeprestriction, dose-response effects of one night for recovery [J]. Sleep, 2010 (33): 1013-1026.

[23] Bari A., Robbins T. Inhibition and impulsivity, behavioral and neural basis of response control [J]. Progress in Neurobiology, 2013 (108): 44-79.

[24] Barkley R. A., Edwards G., Laneri M., et al. Executive functioning, temporal discounting and sense of time in adolescents with Atention Deficit Hyperactivity Disorder (ADHD) and Oppositional Defiant Disorder (ODD) [J]. Journal of Abnormal Child Psychology, 2001 (29): 541-556.

[25] Barone J. J., Roberts H. R. Caffeine consumption [J]. Food Chem Toxicol, 1996 (34): 119-129.

[26] Bartzokis G., Beckson M., Lu P., et al. Age-related brain volume reductions in amphetamine and cocaine addicts and normal controls: Implications for addiction research [J]. Neuroimage, 2000 (98): 93-102.

[27] Bayard S., Langenier M. C., Dauvilliers Y. Decision-making, reward-seeking behaviors and dopamine agonist therapy in restless legs syndrome [J]. Sleep, 2013, 36 (10): 1501-1507.

[28] Bazzy Joshua D., Woehr David J., Borns Jared. An examination of the role of self-control and impact of ego depletion on integrity testing [J]. Basic & Applied Social Psychology, 2017, 39 (2): 101-111.

[29] Bechara A. Risky business, emotion, decision-making, and addiction

[J]. Journal of Gambling Studies, 2003, 19 (1): 23-51.

[30] Beck A. T., Beamesberfer A. Assessment of depression, the depression inventory [J]. Modern Problems of Pharmacopsychiatry, 1974 (7): 151-169.

[31] Belenky G., Wesensten N. J., Thorne D. R., et al. Patterns of performance degradation and restoration during sleep restriction and subsequent recovery, a sleep dose-response study [J]. Journal of Sleep Research, 2003 (12): 1-12.

[32] Berson D. M., Dunn F. A., Takao M. Phototransduction by retinal ganglion cells that set the circadian clock [J]. Science, 2002 (295): 1070-1073.

[33] Berson D. M. Phototransduction in ganglion-cell photoreceptors [J]. Invited Review, 2007 (454): 849-855.

[34] Berson D. M. Strange vision, ganglion cells as circadian photoreceptors [J]. Trends in Neurosciences, 2003, 136 (6): 314-320.

[35] Best J. R., Davis J. C., Liu-Ambrose T. Longitudinal analysis of physical performance, functional status, physical activity, and mood in relation to executive function in older adults who fall [J]. Journal of the American Geriatrics Society, 2015 (63): 1112-1120.

[36] Blackwell T., Yaffe K., Ancoli-Israel S., Redline S., et al. Associations of sleep architecture and sleep disordered breathing with cognition in older community-dwelling men: The mros sleep study [J]. Journal of the American Geriatrics Society, 2011, 59 (12): 2217-2225.

[37] Bonnet M. H., Gomez S., Wirth O., Arand D. L. The use of caffeine versus prophylactic naps in sustained performance [J]. Sleep, 1995 (18): 97-104.

[38] Bonnet M. H. Performance and sleepiness as a function of frequency and placement of sleep disruption [J]. Psychophysiology, 1986 (23): 263-271.

[39] Borbely A. A., Achermann P. Sleep homeostasis and models of sleep regulation [J]. Journal of Biological Rhythms, 1999 (14): 557-568.

[40] Borbely A. A. A two-process model of sleep regulation [J]. Human Neurobiology, 1982 (1): 195-204.

[41] Borbely A. A., Daan S., Wirz-Justice A., et al. The two-process model

of sleep regulation, a reappraisal [J]. Journal of Sleep Research, 2016, 25 (2): 131-143.

[42] Born M., Wolf E. Principles of optics (4th. ed.) [M]. Oxford: Pergamon Press, 1970.

[43] Bowmaker J. K., Dartnall H. J. Visual pigments of rods and cones in a human retina [J]. The Journal of Physiology, 1980 (298): 501-511.

[44] Bromundt V., Köster M., Georgievkill A., et al. Sleep-wake cycles and cognitive functioning in schizophrenia [J]. British Journal of Psychiatry the Journal of Mental Science, 2011, 198 (4): 269.

[45] Brooks A., Lack L. A brief afternoon nap following nocturnal sleep restriction, which nap duration is most recuperative? [J]. Sleep, 2006, 29 (6): 831-840.

[46] Broussard J. L., Wroblewski K., Kilkus J. M., et al. Two nights of recovery sleep reverses the effects of short-term sleep restriction on diabetes risk [J]. Diabetes Care, 2016, 39 (3): 40-41.

[47] Brown T. Design thinking [J]. Harvard Business Review, 2008, 86 (6): 84-92.

[48] Brunner D. P., Krauchi K., Dijk D. J., et al. Sleep electroencephalogram in seasonal affective disorder and in control women, effects of midday light treatment and sleep deprivation [J]. Biological Psychiatiatry, 1996 (40): 485-496.

[49] Burnham M. M., Goodlin-Jones B. L., Gaylor E. E., et al. Nighttime sleep-wake patterns and self-soothing from birth to one year of age, A ongitudinal intervention study [J]. Journal of Child Psychology and Psychiatry and Allied Disciplines, 2002, 43 (6): 713-725.

[50] Buxton O. M., Cain S. W., O'Connor S. P., et al. Adverse metabolic consequences in humans of prolonged sleep restriction combined with circadian disruption [J]. Science Translational Medicine, 2012 (4): 129-143.

[51] Buysse D. J., Reynolds C. F., Monk T. H., et al., Quantification of subjective sleep quality in healthy elderly men and women using the Pittsburgh Sleep

Quality Index [J]. Journal of Sleep Research & Sleep Medicine, 1991, 14 (4): 331-338.

[52] Buysse D. J., Reynolds C. F., Monk T. H., et al. The Pittsburgh Sleep Quality Index, a new instrument for psychiatric practice and research [J]. Psychiatry Research, 1989 (28): 193-213.

[53] Cajochen C., Blatter K., Wallach D. Circadian and sleep-wake dependent impact on neurobehavioral function [J]. Psychologica Belgica, 2004 (44): 59-80.

[54] Cajochen C., Frey S., Anders D., et al. Evening exposure to a light-emitting diodes (LED) -backlit computer screen affects circadian physiology and cognitive performance [J]. Journal of Applied Physics, 2011 (110): 1432-1438.

[55] Cajochen C. Alerting effects of light [J]. Sleep Medicine Reviews, 2007 (11): 453-464.

[56] Canazei M., Pohl W., Bauernhofer K., et al. Psychophysiological effects of a single, short and moderately bright room light exposure on mildly depressed geriatric inpatients, a pilot study [J]. Gerontology, 2017 (14): 1-10.

[57] Cappuccio F. P., D'Elia L., Strazzullo P., Miller M. A. Sleep duration and all-cause mortality, a systematic review and meta-analysis of prospective studies [J]. Sleep, 2010 (33): 585-592.

[58] Carskadon M. A., Dement W. C. Cumulative effects of sleep restriction on daytime sleepiness [J]. Psychophysiology, 1981 (18): 107-113.

[59] Carskadon M. A., Harvey K., Dement W. C. Acute restriction of nocturnal sleep in children [J]. Percept Mot Skills, 1981 (53): 103-112.

[60] Carvey C. E., Thompson L. A., Lieberman H. R. Caffeine, mechanism of action, genetics and behavioral studies conducted in simulators and the field [M]. Cambridge: Cambridge University Press, 2012.

[61] Cavedini P., Riboldi G., Keller R., et al. Frontal lobe dysfunction in pathological gambling patients [J]. Society of Biological Pschiatry, 2002 (51): 334-341.

[62] Chao C. Y., Wu J. S., Yang Y. C., et al. Sleep duration is a potential risk factor for newly diagnosed type 2 diabetes mellitus [J]. Metabolism, 2011 (60): 799-804.

[63] Chee M. W., Choo W. C. Functional imaging of working memory after 24hour of total sleep deprivation [J]. Neurgology, 2004 (24): 4560-4567.

[64] Chee M. W., Chuah Y. M. Functional neuroimaging and behavioral correlates of capacity decline in visual short-term memory after sleep deprivation [J]. Proceedings of the National Academy of Sciences of the United States of America, 2007 (104): 9487-9492

[65] Chee M. W., Goh C. S., Namburi P., et al. Effects of sleep deprivation on cortical activation during directed attention in the absence and presence of visual stimuli [J]. Neuroimage, 2011, 58 (2): 595-604.

[66] Chee M. W., Tan J. C., Parimal S., et al. Sleep deprivation and its effects on object-selective attention [J]. Neuroimage, 2010a (49): 1903-1910.

[67] Chee M. W., Tan J. C. Lapsing when sleep deprived, neural activation characteristics of resistant and vulnerable individuals [J]. Neuroimage, 2010b (51): 835-843.

[68] Chee M. W. L., Tan J. C., Zheng H., et al. Lapsing during sleep deprivation is associated with distributed changes in brain activation [J]. Journal of Neuroscience, 2008, 28 (21): 5519-5528.

[69] Chellappa S. L., Steiner R., Blattner P., et al. Non-visual effects of light on melatonin, alertness and cognitive performance, can blue enriched light keep us alert? [J]. Public Library of Science, 2011 (6): e16429.

[70] Chengyang L., Daqing H., Jianlin Q., et al. Short-term memory deficits correlate with hippocampal-thalamic functional connectivity alterations following acute sleep restriction [J]. Brain Imaging and Behavior, 2017, 4 (11): 954-963.

[71] Choo W. C., Lee W. W., Venkatraman V., et al. Dissociation of cortical regions modulated by both working memory load and sleep deprivation and by sleep deprivation alone [J]. Neuroimage, 2005 (25): 579-587.

[72] Chuah Y. M., Venkatraman V., Dinges D. F., Chee M. W. The neural basis of interindividual variability in inhibitory efficiency after sleep deprivation [J]. Neurgology, 2006, 26 (27): 7156-7162.

[73] Cohen D. A., Wang W., Wyatt J. K., et al. Uncovering residual effects of chronic sleep loss on human performance [J]. Science Translational Medicine, 2010, 2 (14): 14-19.

[74] Corcoran D. W. J. Doubling the rate of signal presentation in a vigilance task during sleep deprivation [J]. Journal of Applied Psychology, 1963, 47 (6): 412-415.

[75] Cousins J. N., Sasmita K., Chee M. W. L. Memory encoding is impaired after multiple nights of partial sleep restriction [J]. Journal of Sleep Research, 2018 (27): 138-145.

[76] Crawford B. H. The scotopic visibility function [J]. Proceedings of the physical society (Section B), 1948 (62): 321.

[77] Czisch M., Wehrle R., Harsay H. A., et al. On the need of objective vigilance monitoring, effects of sleep loss on target detection and task-negative activity using combined EEG/fMRI [J]. Frontiers in Neurology, 2012, 3 (67): 1-12.

[78] Dalley J., Everitt B., Robbins T. Impulsivity, compulsivity, and top-down cognitive control [J]. Neuron, 2011, 69 (4): 680-694.

[79] Dalley J. W., Robbins T. W. Fractionating impulsivity, neuropsychiatric implications [J]. Nature Reviews Neuroscience, 2017, 18 (3): 158-171.

[80] Daly B. P., Jameson J. P., Patterson F., et al. Sleep duration, mental health, and substance use among rural adolescents: Developmental correlates [J]. Journal of Rural Mental Health, 2015, 39 (2): 108-122.

[81] Dawe S., Gullo M., Loxton N. Reward drive and rash impulsiveness as dimensions of impulsivity, implications for substance misuse [J]. Addictice Behaviors, 2004, 29 (7): 1389-1405.

[82] de Vries R. E., van Gelder J. L. Tales of two self-control scales, relations with five-factor and HEXACO traits [J]. Personality and Individual Differences,

2013, 54 (6): 756-760.

[83] Delazer M., Sinz H., Zamarian L., et al. Decision making under risk and under ambiguity in Parkinson's disease [J]. Neuropsychologic, 2009 (47): 1901-1908.

[84] Demos K. E., Hart C. N., Sweet L. H., et al. Partial sleep deprivation impacts impulsive action but not impulsive decision-making [J]. Physiology & Behavior, 2016 (164): 214-219.

[85] Deuter C. E., Wingenfeld K., Schultebraucks K., et al. Effects of mineralocorticoid-receptor stimulation on risk taking behavior in young healthy men and women [J]. Psychoneuroendocrinology, 2017 (75): 132-140.

[86] Dijk D. J., Czeisler C. A. Contribution of the circadian pacemaker and the sleep homeostat to sleep propensity, sleep structure, electroencephalic slow waves, and sleep spindle activity in humans [J]. Neurgology, 1995 (15): 3526-3538.

[87] Dijk D. J., Duffy J. F., Czeisler C. A. Circadian and sleep/wake dependent aspects of subjective alertness and cognitive performance [J]. Journal of Sleep Research, 1992 (1): 112-117.

[88] Dijk D. J., von Schantz M. Timing and consolidation of human sleep, wakefulness, and performance by a symphony of oscillators [J]. Journal of Biological Rhythms, 2005 (20): 279-290.

[89] Dinges D. F., Pack F., Williams K., et al. Cumulative sleepiness, mood disturbance, and psychomotor vigilance performance decrements during a week of sleep restricted to 4-5 h per night [J]. Sleep, 1997 (20): 267-277.

[90] Dixon M. R., Marley J., Jacobs E. A. Delay discounting by ptologigal gamblers [J]. Journal of Applied Behavior Analysis, 2003 (36): 449-458.

[91] Donders F. C. On the speed of mental processes [J]. Acta Psychologica, 1969 (30): 412-431.

[92] Doran S. M., Van Dongen H. P., Dinges D. F. Sustained attention performance during sleep deprivation, evidence of state instability [J]. Archices Italienues De Biologic, 2001 (139): 253-267.

[93] Drummond S. P., Paulus M. P., Tapert S. F. Effects of two nights sleep deprivation and two nights recovery sleep on response inhibition [J]. Sleep, 2006, 15 (3): 261-265.

[94] Drummond S. P. A., Brown G. G., Stricker J. L., et al. Sleep deprivation-induced reduction in cortical functional response to serial subtraction [J]. Neuro Report, 1999, 10 (18): 3745-3748.

[95] Drummond S. P. et al. The neural basis of the psychomotor vigilance task [J]. Sleep, 2005 (28): 1059-1068

[96] Duckworth A. L., Kern M. L. A meta-analysis of the convergent validity of self-control measures [J]. Journal of Research in Personality, 2011, 45 (3): 259-268.

[97] Durmer J. S., Dinges D. F. Neurocognitive consequences of sleep deprivation [J]. Seminars in Neurology, 2005 (25): 117-129.

[98] Dwyer P. D., Gilkeson J. H., List J. A. Gender diferences in revealed risk taking: Evidence from mutual fund investors [J]. Economics Leters, 2002, 76 (2): 151-158.

[99] Easton A., Meerlo P., Bergmann B., Turk F. W. The suprachiasmatic nucleus regulates sleep timing and amount in mice [J]. Sleep, 2004, 27 (7): 1307-1318.

[100] Edgar D. M., Dement W. C., Fuller C. A. Efeet of SCN lesions on sleep in squirel monkeys: Evidence for opponent processes in seep-wake rgulation [J]. The Journal of Neuroscience, 1993, 13 (3): 1065-1079.

[101] Eliza C., Mumford J. A., Cohen J. R., et al. Measurement and reliability of response inhibition [J]. Frontiers in Psychology, 2012 (3): 1-10.

[102] Farr O. M., Hu S., Zhang S., Chiang-shan R. L. Decreased saliency processing as a neural measure of Barratt impulsivity in healthy adults [J]. Neuroimage, 2012, 63 (3): 1070-1077.

[103] Ferrey A. E., Mishra S. Compensation method affects risk-taking in the balloon analogue risk task [J]. Personality and Individual Differences, 2014 (64):

111-114.

[104] Figner B., Weber E. U. Who takes risks when and why? Determinants of risk taking [J]. Current Directions in Psychological Science, 2011, 20 (4): 211-216.

[105] Figueiro M. G., Bierman A., Plitnick B., Rea M. S. Preliminary evidence that both blue and red light can induce alertness at night [J]. BMC Neuroscience, 2009 (10): 105.

[106] Figueiro M. G., Sahin L., Wood B., Plitnick B. Light at night and measures of alertness and performance, implications for shift workers [J]. Biological Research for Nursing, 2016, 18 (1): 90-100.

[107] Foley J. E., Weinraub M. Sleep, affect, and social competence from preschool to preadolescence, distinct pathways to emotional and social adjustment for boys and for girls [J]. Frontiers in Psychology, 2017 (8): 711.

[108] Friese M., Hofmann W. Control me or I will control you, impulses, trait self-control, and the guidance of behavior [J]. Journal of Research in Personality, 2009, 43 (5): 795-805.

[109] Frings D. The efets of seep debt on risk percetion, risk atraction and btting behavior during a blackjack style gambling task [J]. Journal of Gambling Studies, 2012 (28): 393-403.

[110] Gabel V., Maire M., Reichert C. F., et al. Dawn simulation light impacts on different cognitive domains under sleep restriction [J]. Behavioural Brain Research, 2015 (281): 258-266.

[111] Gabel V., Maire M., Reichert C. F., et al. Effects of artificial dawn and morning blue light on daytime cognitive performance, well-being, cortisol and melatonin levels [J]. Chronobiology International, 2013, 30 (8): 988-997.

[112] Gaina A., Sekine M., Chen X. L., et al. Validity of child sleep diary questionnaire among junior high school children [J]. Journal of Epidemiology, 2004, 14 (1): 1-4.

[113] Gillberg M., Kecklund G., Axelsson J., Akerstedt T. The effects of a

short daytime nap after restricted night sleep [J]. Sleep, 1996, 19 (7): 570-575.

[114] Giménez Marina C., Hessels M., Maan V. D. W., et al. Effects of artificial dawn on subjective ratings of sleep inertia and dim light melatonin onset [J]. Chronobiology International, 2010, 27 (6): 1219-1241.

[115] Goel N., Basner M., Rao H., Dinges D. F. Circadian rhythms, sleep deprivation, and human performance [J]. Progress in Molecular Biology and Translational Science, 2013 (119): 155-190.

[116] Goel N., Rao H., Durmer J. S., Dinges D. F. Neurocognitive consequences of sleep deprivation [J]. Seminars in Nourology, 2009a (29): 320-339.

[117] Goel N., Stunkard A. J., Rogers N. L., et al. Circadian rhythm profiles in women with night eating syndrome [J]. Journal of Biological Rhythms, 2009b (24): 85-94.

[118] Goldberg D. P. The detection of psychatric illness by questionnaire [M]. Oxford: Oxford University Press, 1972.

[119] Goldstein A. N., Walker M. P. The role of sleep in emotional brain function [J]. Annual Review of Clinical Psychology, 2014 (10): 679-708.

[120] Golombek D. A., Rosenstein R. E. Physiology of circadian entrainment [J]. Physiological Reviews, 2010 (90): 1063-1102.

[121] Green J. A., O'Connor D. B., Gartland N., Roberts B. W. The chernyshenko conscientiousness scales, a new facet measure of conscientiousness [J]. Assessment, 2016, 23 (3): 374-385.

[122] Gyurak A., Goodkind M., Kramer J., et al. Executive functions and the down-regulation and up-regulation of emotion [J]. Cognition & Emotion, 2011 (26): 1-16.

[123] Güler A. D., Ecker J. L., Lall G. S., et al. Melanopsin cells are the principal conduits for rod-cone input to non-image-forming vision [J]. Nature, 2008, 453 (7191): 102-105.

[124] Haack M., Mullington J. M. Sustained sleep restriction reduces emotional and physical well-being [J]. Pain, 2005 (119): 56-64.

[125] Habeck C., et al. An event-related fMRI study of the neurobehavioral impact of sleep deprivation on performance of a delayed-match-to-sample task [J]. Brain Research Cognitive Brain Research, 2004 (18): 306-321.

[126] Hair Peter, Hampson Sarah E. The role of impulsivity in predicting maladaptive behaviour among female students [J]. Personality and Individual Differences, 2006, 40 (5): 943-952.

[127] Hall P. A. Executive-control processes in high-calorie food consumption [J]. Current Directions in Psychological Science, 2016 (25): 91-98.

[128] Hanford N., Figueiro M. Light therapy and alzheimer's disease and related dementia, past, present, and future [J]. Journal of Alzheimers Disease, 2013, 33 (4): 913-922.

[129] Harrison Y., Horne J. A. Sleep loss affects risktaking [J]. Journal of Sleep Research, 1998, (7): 113.

[130] Hatori M., Panda S. The emerging roles of melanopsin in behavioral adaptation to light [J]. Trends in Molecular Medicine, 2010, 16 (10): 435-446.

[131] Horne J. A., Ostberg O. A. A self-assessment questionnaire to determine morningness-eveningness in human circadian rhythms [J]. International Journal of Biological Sciences, 1976, 4 (2): 97-110.

[132] Horne J. A., Pttit A. N. High incentive efets on vigilance performance during 72 hours of total sleep deprivation [J]. Acta Psychologica, 1985, 58 (2): 123-139.

[133] Horne J. A., Reyner L. A. Counteracting driver sleepiness, effects of napping, caffeine, and placebo [J]. Psychophysiology, 1996, 33 (3): 306-309.

[134] Howell M. J. Parasomnias, an updated review [J]. Neurotherapeutics, 2012 (9): 753.

[135] Insel K., Morrow D., Brewer B., Figueredo A. Executive function, working memory, and medication adherence among older adults [J]. Psychol, 2006 (61): 102-107.

[136] Jewett M. E., Wyatt J. K, Ritz-De C. A., et al. Time course of sleep in-

ertia dissipation in human performance and alertness [J]. Journal of Sleep Research, 1999 (8): 1-8.

[137] Johnson M. W., Bickel W. K. Within-subject comparison of real and hypothetical money rewards in delay discounting [J]. Journal of the Experimental Analysis of Behavior, 2002 (77): 129-146.

[138] Kamimori G. H., Penetar D. M., Headley D. B., et al. Effect of three caffeine doses on plasma catecholamines and alertness during prolonged wakefulness [J]. European Journal of Clinical Pharmacology, 2000 (56): 537-544.

[139] Kamimori G. H., Johnson D., Thorne D., Belenky G. Multiple caffeine doses maintain vigilance during early morning operations [J]. Aviat Space Environ Med, 2005 (76): 1046-1050.

[140] Kamimori G. H., McLellan T. M., Tate C. M., et al. Caffeine improves reaction time, vigilance and logical reasoning during extended periods with restricted opportunities for sleep [J]. Psychopharmacology, 2015, 232 (12): 2031-2042.

[141] Killgore W. D., Balkin T. J., Wesensten N. J., Impaired decision making following 49h of sleep deprivation [J]. Journal of Sleep Research, 2006, 15 (1): 7-13.

[142] Killgore W. D., Kamimori G. H., Balkin T. J. Caffeine protects against increased risk-taking propensity during severe sleep deprivation [J]. Journal of Sleep Research, 2011 (20): 395-403

[143] Killgore W. D. Effects of sleep deprivation and morningness-eveningness traits on risk-taking [J]. Psychological Reports, 2007, 100 (2): 613-626.

[144] Kobayashi D., Takahashi O., Deshpande G. A., et al. Association between weight gain, obesity, and sleep duration, a large-scale 3-year cohort study [J]. Sleep Breath, 2012 (16): 829-833.

[145] Kolb H., Fernadez E., Nelson R. Webvision, the organization of the retina and visual system [M]. Washington: Butterworth-Heinemann, 2007.

[146] Kong D., Soon C. S., Chee M. W. Functionalimaging correlates of impaired distractor suppression following sleep deprivation [J]. Neuroimage, 2012

(61): 50-55.

[147] Kopasz M., Loessl B., Valerius G., et al. No persisting effect of partial sleep curtailment on cognitive performance and declarative memory recall in adolescents [J]. Journal of Sleep Research, 2010 (19): 71-79.

[148] Koscielniak M., Rydzewska K., Sedek G. Effects of age and initial risk perception on balloon analog risk task: The mediating role of processing speed and need for cognitive closure [J]. Frontiers in Psychology, 2016 (7): 659.

[149] Kowert P. A. The sociology of large-scale organizations [J]. Mershon International Studies Review, 1997, 41 (2): 287-290.

[150] Kraft T. W., Schneeweis D. M., Schnapf J. L. Visual transduction in human rod photoreceptors [J]. The Journal of Physiological, 1993 (464): 747-765.

[151] Krause A. J., Simon E. B., Mander B. A., et al. The sleep-deprived human brain [J]. Nature Reviews Neuroscience, 2017 (18): 404-418.

[152] Kronholm E., Härmä M., Hublin C., et al. Self-reported sleep duration in finnish general population [J]. Journal of Sleep Research, 2006, 15 (3): 276-290.

[153] Lange F., Wagner A., Muller A., Eggert F. Subscales of the Barratt Impulsiveness Scale differentially relate to the Big Five factors of personality [J]. Scandinavian Journal of Psychology, 2017, 58 (3): 254-259.

[154] Lasselin J., Rehman J., Åkerstedt T., et al. Effect of long-term sleep restriction and subsequent recovery sleep on the diurnal rhythms of white blood cell subpopulations [J]. Brain, Behavior, and Immunity, 2015 (47): 93-99.

[155] Lavoie S., Paquet J., Selmaoui B., et al. Vigilance levels during and after bright light exposure in the first half of the night [J]. Chronobiology International, 2003, 20 (6): 1019-1038.

[156] Lawrence N. S., Wooderson S., Mataix-Cols D., et al. Decision making and set shifting impairments are associated with distinct symptom dimensions in obsessive-compulsive disorder [J]. Neuropsychology, 2006 (20): 409-419.

[157] Lei Y., Shao Y., Wang L., et al. Large-scale brain network coupling

predicts total sleep deprivation effects on cognitive capacity [J]. Public Library of Science, 2015, 10 (7): e0133959.

[158] Lejuez C. W., Read J. P., Kahler C. W., et al. Evaluation of a behavioral measure of risk taking: The Balloon Analogue Risk Task (BART) [J]. Journal of Experimental Psychology, 2002 (8): 75-84.

[159] Levin I. P., Xue G., Weller J. A., et al. A neuropsychological approach to understanding risk-taking for potential gains and losses [J]. Frontiers in Neuroscience, 2012 (6): 15.

[160] Lewy A. J., Wehr T. A., Goodwin F. K., et al. Light suppresses melatonin secretion in humans [J]. Science, 1980 (210): 1267-1269.

[161] Lieberman H. R., Tharion W. J., Shukitt-Hale B., et al. Effects of caffeine, sleep loss, and stress on cognitive performance and mood during U. S. Navy SEAL training [J]. Psychopharmacology, 2002 (164): 250-261.

[162] Littner M., Kushida C. A., Bailey D., et al. Practice parameters for the role of actigraphy in the study of sleep and circadian rhythms, An update for 2002 [J]. Sleep, 2003, 26 (3): 337-341.

[163] Lo J., Lee S., Teo L., et al. Neurobehavioral impact of successive cycles of sleep restriction with and without naps in adolescents [J]. Sleep, 2016, 40 (2): 1-9.

[164] Logan G., Cowan W. On the ability to inhibit thought and action, a theory of an act of control [J]. Psychological Review, 1984, 91 (3): 295-327.

[165] Lowe C. J., Safati A., Hall P. A. The neurocognitive consequences of sleep restriction: A meta-analytic review [J]. Neuroscience and Biobehavioral Review, 2017 (80): 586-604.

[166] Luber B., et al. Extended remediation of sleep deprived-induced working memory deficits using fMRI guided transcranial magnetic stimulation [J]. Sleep, 2013 (36): 857-871.

[167] Luber B., et al. Remediation of sleep-deprivationinduced working memory impairment with fMRI guided transcranial magnetic stimulation [J]. Cereb Cortex,

2008 (18): 2077-2085.

[168] Lucas R. J., Peirsonet S. N., Berson D. M., et al. Measuring and using light in the melanopsin age [J]. Trends in Neurosciences, 2014, 37 (1): 1-9.

[169] Ludwig V. U., Stelzel C., Krutiak H., et al. Impulsivity, self-control, and hypnotic suggestibility [J]. Consciousness and Cognition, 2013, 22 (2): 637-653.

[170] Lythe K. E., Williams S. C., Anderson C., et al. Frontal and parietal activity after sleep deprivation is dependent on task difficulty and can be predicted by the fMRI response after normal sleep [J]. Behavioral Brain Research, 2012 (233): 62-70.

[171] MacKay R., Oldford R. Scientific method, statistical method and the speed of light [J]. Statistical Science, 2000, 15 (3): 254-278.

[172] Mallis M. M., Mejdal S., Nguyen T. T., Dinges D. F. Summary of the key features of seven biomathematical models of human fatigue and performance [J]. Aviation, Space, and Environmental Medicine, 2004, 75 (3): 4-14.

[173] Mander B. A., et al. Sleep deprivation alters functioning within the neural network underlying the covert orienting of attention [J]. Behavioral Brain Research, 2008 (1217): 148-156.

[174] Mao T., Yang J., Ru T., et al. Does red light induce people riskier? Exploring the colored light effect on Balloon Aanlogue Risk Task (BART) [J]. Journal of Environmental Psychology, 2018 (57): 73-82.

[175] McHill A. W., Hull J. T., Cohen D. A., et al. Chronic sleep restriction greatly magnifies performance decrements immediately after awakening [J]. Sleep, 2019 (42): 32.

[176] McKenna B. S., Dickinson D. L., Orff H. J., Drummond S. P. The effects of one night of sleep deprivation on known-risk and ambiguous-risk decisions [J]. Journal Sleep Research, 2007 (16): 245-252.

[177] McLellan T. M., Kamimori G. H., Bell D. G., et al. Caffeine maintains vigilance and marksmanship in simulated urban operations with sleep deprivation [J].

Avation Space Environmental Medicine, 2005a (76): 39-45.

[178] McLellan T. M., Kamimori G. H., Voss D. M., et al. Caffeine maintains vigilance and improves run times during night operations for Special Forces [J]. Avation Space Environmental Medicine, 2005b (76): 647-654.

[179] Mellers B. A., Chang S. J. Representations of risk judgments [J]. Organizational Behavior and Human Decision Processes, 1994, 57 (2): 167-184.

[180] Meltzer L. J., Montgomery-Downs H. E., Insana S. P., Walsh C. M. Use of actigraphy for assessment in pediatric sleep research [J]. Sleep Medicine Reviews, 2012, 16 (5): 463-475.

[181] Michelson A. A. Preliminary measurement of the velocity of light [J]. Science, 1924 (60): 391-392.

[182] Morgenthaler T., Alessi C., Friedman L., et al. Practice parameters for the use of actigraphy in the assessment of sleep and sleep disorders [J]. Sleep, 2007, 30 (4): 519-529.

[183] Mullette-Gillman O. A., Kurnianingsih Y. A., Liu J. C. J. Sleep deprivation alters choice strategy without altering uncertainty or loss aversion preferences [J]. Frontiers in Neuroscience, 2015, 9 (352): 352-364.

[184] Muto V., et al. Local modulation of human brain responses by circadian rhythmicity and sleep debt [J]. Science, 2016 (353): 687-690

[185] Nebioglu, Melike, Konuk, et al. The investigation of validity and reliability of the Turkish version of the Brief Self-Control Scale [J]. Klinik Psikofarmakoloji Bulteni-Bulletin of Clinical Psychopharmacology, 2012, 22 (4): 340-351.

[186] Nicholson N., Soane E., Fenton-O'Creevy M., Willman P. Personality and domain specific risk taking [J]. Journal of Risk Research, 2005, 8 (2): 157-176.

[187] Ochsner K. N., Silvers J. A., Buhle J. T. Functional imaging studies of emotion regulation: A synthetic review and evolving model of the cognitive control of emotion [J]. Annals of the New York Academy of Sciences, 2012 (1251): 1-24.

[188] Ohayon M. M., Carskadon M. A., Guilleminault C., Vitiello M. V. Me-

ta-analysis of quantitative sleep parameters from childhood to old age in healthy individuals, developing normative sleep values across the human lifespan [J]. Sleep, 2004 (27): 1255.

[189] Olson E. A., Weber M., Rauch S. L., Killgore W. D. Daytime sleepiness is associated with reduced integration of temporally distant outcomes on the Iowa Gambling Task [J]. Behavioral Sleep Medicine, 2016, 14 (2): 200-211.

[190] Ong J. L., Lo J. C., Gooley J. J., Chee M. W. L. Eeg changes across multiple nights of sleep restriction and recovery in adolescents, the need for sleep study [J]. Sleep, 2016, 39 (6): 1233-1240.

[191] O'Brien E. M., Mindell J. A. Sleep and risk-taking behavior in adolescents [J]. Behavioral Sleep Medicine, 2005 (3): 113-133.

[192] Patterson F., Grandner M. A., Lozano A., et al. Transitioning from adequate to inadequate sleep duration associated with higher smoking rate and greater nicotine dependence in a population sample [J]. Addictive Behaviors, 2017 (77): 47-50.

[193] Patton J. H., Stanford M. S., Barratt E. S. Factor structure of the barratt impulsiveness scale [J]. Journal of Clinical Psychology, 1995, 51 (6): 768-774.

[194] Phillips A. J. K., Clerx W. M., O'Brien C. S., et al. Irregular sleep/wake patterns are associated with poorer academic performance and delayed circadian and sleep/wake timing [J]. Scientific Reports, 2017 (7): 3216.

[195] Plitnick B., Figueiro M. G., Wood B., Rea M. S. The effects of red and blue light on alertness and mood at night [J]. Lighting Research and Technology, 2010 (42): 449-458.

[196] Porkka-Heiskanen T., Zitting K. M., Wigren H. K. Sleep, its regulation and possible mechanisms of sleep disturbances [J]. Acta Physidogica (Oxf), 2013 (208): 311.

[197] Portas C. M., et al. A specific role for the thalamus in mediating the interaction of attention and arousal in humans [J]. Neurgology, 1998 (18): 8979-8989.

[198] Raghunathan R., Pham M. T. All negative moods are not equal: Motiva-

tional influences of anxiety and sadness on decision making [J]. Organizational Behavior and Human Decision Processes, 1999, 79 (1): 56-77.

[199] Randazzo A. C., Muehlbach M. J., Schweitzer P. K., Walsh J. K. Cognitive function following acute sleep restriction in children ages 10 - 14 [J]. Sleep, 1998 (21): 861-868.

[200] Rao H., Korczykowski M., Pluta J., et al. Neural correlates of voluntary and involuntary risk taking in the human brain: An fMRI Study of the Balloon Analog Risk Task (BART) [J]. Neuroimage, 2008, 42 (2): 902-910.

[201] Rechtshaffen A., Kales A. A manual of standardized terminology and scoring system for sleep stages of human subjects [J]. National Institutes of Health, 1968.

[202] Roenneberg T., Kantermann T., Juda M., et al. Light and the Human Circadian Clock [J]. Handbook of Experimental Pharmacology, 2013 (217): 311-331.

[203] Rosenthal N. E., Sack D. A., Gillin J. C. et al. Seasonal affective disorder-a description of the syndrome and preliminary findings with light therapy [J]. Archives of General Psychiatry, 1984 (41): 72-80.

[204] Rossa K. R., Smith S. S., Allan A. C., Sullivan K. A. The effects of sleep restriction on executive inhibitory control and affect in young adults [J]. Journal of Adolescent Health, 2014, 55 (2): 287-292.

[205] Russo P. M., Leone L., Penolazzi B., Natale V. Circadian preference and the big five, the role of impulsivity and sensation seeking [J]. Chronobiology International, 2012, 29 (8): 1121-1126.

[206] Sadeh, Avi. Sleep assessment methods [J]. Monographs of the Society for Research in Child Development, 2015, 80 (1): 33-48.

[207] Saksvik-Lehouillier I., Saksvik S. B., Dahlberg J., et al. Mild to moderate partial sleep deprivation is associated with increased impulsivity and decreased positive affect in young adults [J]. Sleep, 2020, 43 (10): 78.

[208] Saletin J. M., Hilditch C. J., Dement W. C., Carskadon M. A. Short daytime naps briefly attenuate objectively measured sleepiness under chronic sleep re-

striction [J]. Sleep, 2017, 40 (9): 1-9.

[209] Saper C. B., Cano G., Scammell T. E. Homeostatic, circadian, and emotional regulation of sleep [J]. Journal of Comparative Neurology, 2005 (493): 92-98.

[210] Schiller P. H. The central visual system [J]. Vision Research, 1986 (26): 1351-1386.

[211] Schlegel K., Grandjean D., Scherer K. R. Constructs of social and emotional effectiveness, different labels, same content? [J]. Journal of Research in Personality, 2013, 47 (4): 249-253.

[212] Schwarz J., Gerhardsson A., van Leeuwen W., et al. Does sleep deprivation increase the vulnerability to acute psychosocial stress in young and older adults? [J]. Psychoneuroendocrinology, 2018 (96): 155-165.

[213] Short M. A., Weber N. Sleep duration and risk-taking in adolescents: A systematic review and meta-analysis [J]. Sleep Medicine Reviews, 2018 (41): 185-196.

[214] Siegel J. M. Sleep viewed as a state of adaptive inactivity [J]. Nature Reviews Neuroscience, 2009, 10 (10): 747-753.

[215] Silva E. J., Wang W., Ronda J. M., et al. Circadian and wake-dependent influences on subjective sleepiness, cognitive throughput, and reaction time performance in older and young adults [J]. Sleep, 2010 (33): 481-490.

[216] Sliney D. H., Wangemann R. T., Franks J. K., Wolbarsht M. L. Visual sensitivity of the eye to infrared laser radiation [J]. Journal of the Optical Society of America, 1976, 66 (4): 339-341.

[217] Slovic P., Peters E., Finucane M. L., Macgregor D. G. Affect, risk, and decision making [J]. Health Psychology, 2005, 24 (4): 35-40.

[218] Smith M. R., Eastman C. I. Shift work, health, performance and safety problems, traditional countermeasures, and innovative management strategies to reduce circadian misalignment [J]. Nature and Science of Sleep, 2012 (4): 111-132.

[219] Smith M. R., Revell V. L., Eastman C. I. Phase advancing the human

circadian clock with blue-enriched polychromatic light [J]. Sleep Medicine, 2009 (10): 287-294.

[220] Spindelegger C., Stein P., Wadsak W. et al. Light-dependent alteration of serotonin-1A receptor binding in cortical and subcortical limbic regions in the human brain [J]. World Journal of Biological Psychiatry, 2012 (13): 413-422.

[221] Stockman A., Sharpe L. T. The spectral sensitivities of the middle-and long-wavelength-sensitive cones derived from measurements in observers of known genotype [J]. Vision Research, 2000 (40): 1711-1737.

[222] Takahashi M., Arito H. Maintenance of alertness and performance by a brief nap after lunch under prior sleep defcit [J]. Sleep, 2000, 23 (6): 813-819.

[223] Talbot L. S., McGlinchey E. L., Kaplan K. A., et al. Sleep deprivation in adolescents and adults: Changes in affect [J]. Emotion, 2010 (10): 831-841.

[224] Telzer E. H., Fuligni A. J., Lieberman M. D., Galvan A. The effects of poor quality sleep on brain function and risk taking in adolescence [J]. Neuroimage, 2013 (71): 275-283.

[225] Terman M., Terman J. S. Circadian rhythm phase advance with dawn simulation treatment for winter depression [J]. Journal of Biological Rhythms, 2010, 25 (4): 297-301.

[226] Terman M., Terman J. S. Controlled trial of naturalistic dawn simulation and negative air ionization for seasonal affective disorder [J]. American Journal of Psychiatry, 2006 (163): 2126-2133.

[227] Thomas M., Sing H., Belenky G., et al. Neural basis of alertness and cognitive performance impairments during sleepiness I. Effects of 24 h of sleep deprivation on waking human regional brain activity [J]. Journal of Sleep Research, 2000, 9 (4): 335-352.

[228] Thompson A., Jones H., Gregson W., Atkinson G. Effects of dawn simulation on markers of sleep inertia and post-waking performance in humans [J]. European Journal of Applied Physiology, 2014, 114 (5): 1049-1056.

[229] Tietzel A. J., Lack L. C. The recuperative value of brief and ultra-brief

naps on alertness and cognitive performance [J]. Journal of Sleep Research, 2002, 11 (3): 213-218.

[230] Tietzel A. J., Lack L. C. The short-term benefts of brief and long naps following nocturnal sleep restriction [J]. Sleep, 2001, 24 (3): 293-300.

[231] Tobler I., Borbely A. A., Groos G. The effect of sleep deprivation on sleep in rats with suprachiasmatic lesions [J]. Neuroscience Letter, 1983 (42): 49-54.

[232] Tomasi D., et al. Impairment of attentional networks after 1 night of sleep deprivation [J]. Cerebral Cortex, 2009 (19): 233-240.

[233] Tononi G., Cirelli C. Perchance to prune, during sleep, the brain weakens the connections among nerve cells, apparently conserving energy and paradoxically, aiding memory [J]. Scientific American, 2013, 309 (2): 34-39.

[234] Trachsel L., Edgar D. M., Seidel W. F., et al. Sleep homeostasis in suprachiasmatic nuclei-lesioned rats-effects of sleep deprivation and triazolam administration [J]. Brain Research, 1992 (589): 253-261.

[235] Trotti L. M. Waking up is the hardest thing i do all day, sleep inertia and sleep drunkenness [J]. Sleep Medicine Reviews, 2016 (35): 76-84.

[236] Tsukayama E., Duckworth A. L., Kim B. Domain-specific impulsivity in school-age children [J]. Developmental Science, 2013, 16 (6): 879-893.

[237] Van Dongen H. P., Maislin G., Mullington J. M., Dinges D. F. The cumulative cost of additional wakefulness, dose-response effects on neurobehavioral functions and sleep physiology from chronic sleep restriction and total sleep deprivation [J]. Sleep, 2003, 26 (2): 117-126.

[238] Van Dongen H. P. A., Dinges D. F. Sleep, circadian rhythms, and psychomotor vigilance [J]. Clinics in Sports Medicine, 2005, 24 (2): 237-249.

[239] Van Dongen H. P. A., Dinges D. F. Investigating the interaction between the homeostatic and circadian processes of sleep-wake regulation for the prediction of waking neurobehavioural performance [J]. Journal of Sleep Research, 2003, 12 (3): 181-187.

[240] Vandewalle G., Maquet P., Dijk D. J. Light as a modulator of cognitive

brain function [J]. Trends in Cognitive Science, 2009 (13): 429-438.

[241] Vaughan L., Giovanello K. Executive function in daily life: Age-related influences of executive processes on instrumental activities of daily living [J]. Psychol Aging, 2010 (25): 343-355.

[242] Venkatraman V., Chuah Y. M. L., Huettel S. A., Chee M. W. L. Sleep deprivation elevates expectation of gains and attenuates response to losses following risky decisions [J]. Sleep, 2007, 30 (5): 603-609.

[243] Venkatraman V., Huettel S. A., Lisa Y., et al. Sleep deprivation biases the neural mechanisms underlying economic preferences [J]. The Journal of Neuroscience, 2011, 31 (10): 3712-3718.

[244] Voderholzer U., Piosczyk H., Holz J., et al. Sleep restriction over several days does not affect long-term recall of declarative and procedural memories in adolescents [J]. Sleep Medicine, 2011 (12): 170-178.

[245] Walker M. P. Cognitive consequences of sleep and sleep loss [J]. Sleep Medicine, 2008 (9): 29-34.

[246] Wallis J. D., Rushworth M. F. S. Integrating benefits and costs in decision making [J]. Neuroeconomics, 2014 (2): 411-434.

[247] Wang Q., Xi B., Liu M., et al. Short sleep duration is associated with hyper-tension risk among adults, a systematic review and meta-analysis [J]. Hypertens Research, 2012 (35): 1012-1018.

[248] Wang Q., Chen C., Cai Y., et al. Dissociated neural substrates underlying impulsive choice and impulsive action [J]. Neuroimage, 2016 (134): 540-549.

[249] Watson D., Clark L. A., Tellegen A. Development and validation of brief measures of positive and negative affect, the panas scales [J]. Journal of Personality and Social Psychology, 1988, 54 (6): 1063-1070.

[250] Weber P., Medina-Oliva G., Simon C., Iung B. Overview on Bayesian networks applications for dependability, risk analysis and maintenance areas [J]. Engineering Applications of Arificial Intelligence, 2012, 25 (4): 671-682.

[251] Werken M. V. D., Giménez M. C., Vries B. D., et al. Effects of artifi-

cial dawn on sleep inertia, skin temperature, and the awakening cortisol response [J]. Journal of Sleep Research, 2010, 19 (3): 425-435.

[252] Wesensten N. J., Belenky G., Kautz M. A., et al. Maintaining alertness and performance during sleep deprivation, modafinil versus caffeine [J]. Psychopharmacology, 2002 (159): 238-247.

[253] Wesensten N. J., Belenky G., Thorne D. R., et al. Modafinil vs. caffeine, effects on fatigue during sleep deprivation [J]. Aviation Space and Environmental Medicine, 2004 (75): 520-525.

[254] Wesensten N. J., Kilgore W. D., Balkin T. J. Performance and alertness effects of caffeine, dextroamphetamine, and modafinil during sleep deprivation [J]. Journal of Sleep Research, 2005 (14): 255-266.

[255] Womack S. D., Hook J. N., Reyna S. H., Ramos M. Sleep loss and risk-taking behavior: A review of the literature [J]. Behavioral Sleep Medicine, 2013 (11): 343-359.

[256] Womack S. D. Sleep loss and risk-taking behavior [D]. Texas: University of North Texas, 2012.

[257] Wong M. L., Tseng C. H., Wing Y. K., et al. Impact of habitual short sleep and perceived sleep need on risk-taking in young people [J]. Sleep Medicine, 2017 (40): 179.

[258] Xie L., Kang H., Xu Q., et al. Sleep drives metabolite clearance from the adult brain [J]. Science, 2013 (342): 373-377.

[259] Yoo S., Hu P., Gujar N., et al. A deficit in the ability to form new human memories without sleep [J]. Nature Neuroscience, 2007 (10): 385-392.

[260] Zung W. W. K. A rating instrument for anxiety disorders [J]. Psychosomatics, 1971 (12): 371-379.

[261] 邓尧, 王梦梦, 饶恒毅. 风险决策研究中的仿真气球冒险任务 [J]. 心理科学进展, 2021, 30 (5): 1-17.

[262] 董栩然, 王旻舒, 刘梦媛, 王薇. 光照对昼夜节律与警觉度的影响 [J]. 科学通报, 2014, 59 (23): 2253-2259.

［263］方卓.风险决策及其个体差异的神经机制研究［D］.广州：中山大学，2014.

［264］冯攀，郑涌.睡眠剥夺影响恐惧情绪加工的认知神经机制［J］.心理科学进展，2015，23（9）：1579-1587.

［265］付艺蕾，罗跃嘉，崔芳.选择一致性影响结果评价的ERP研究［J］.心理学报，2017，49（8）：1089-1099.

［266］雷旭，赵文瑞.睡眠影响记忆巩固的同步EEG-fMRI研究［J］.心理科学进展，2016，24（3）：327-334.

［267］李爱梅，谭磊，孙海龙，熊冠星，潘集阳.睡眠剥夺影响风险决策的双系统模型探讨［J］.心理科学进展，2016，24（5）：804-814.

［268］李虹，梅锦荣.测量大学生的心理问题，GHQ-20的结构及其信度和效度［J］.心理发展与教育，2002（1）：75-79.

［269］李献云，费立鹏，等.Barratt冲动性量表中文修订版在社区和大学人群中应用的信效度［J］.中国心理卫生杂志，2011，25（8）：610-615.

［270］梁竹苑，许燕，蒋奖.决策中个体差异研究现状述评［J］.心理科学进展，2007，15（4）：689-694.

［271］廖雅慧，韩梦霏.决策任务类型与结果框架对风险决策的影响［J］.心理与行为研究，2022，20（1）：45-51.

［272］刘洪志，李兴珊，李纾，饶俪琳.基于期望值最大化的理论何时失效：风险决策中为自己—为所有人决策差异的眼动研究［J］.心理学报，2022，54（12）：1517-1531.

［273］刘贤臣，唐茂芹，胡蕾，等.匹兹堡睡眠质量指数的信度和效度研究［J］.中华精神科杂志，1996，29（2）：103-107.

［274］刘艳，吴卫平.睡眠限制国内研究现状分析［J］.中华临床医师杂志（电子版），2014，8（9）：1714-1716.

［275］毛天欣，熊晓，李静华，等.光照的警觉性作用［J］.心理科学进展，2018，26（7）：1213-1222.

［276］邱林，郑雪，王雁飞.积极情感消极情感量表（PANAS）的修订［J］.应用心理学，2008，14（3）：249-254.

[277] 任亚萍, 孙岩, 赵雪松. 不同任务框架下自我损耗对自我—他人风险决策的影响 [J]. 心理与行为研究, 2021, 19 (6): 750-756.

[278] 王虹. 人格类型、任务特征对风险决策行为的影响 [D]. 长春: 东北师范大学, 2009.

[279] 王孝莲. 大学生人格类型与决策行为的相关研究 [J]. 社科纵横: 新理论版, 2011 (1): 2.

[280] 魏铁军. 企业管理人员人格特质与风险决策相关性研究 [D]. 石家庄: 河北师范大学, 2007.

[281] 吴文源. 焦虑自评量表 (SAS) [J]. 上海精神医学, 1990 (2): 44.

[282] 谢晓非, 徐联仓. "风险"性质的探讨——一项联想测验 [J]. 心理科学, 1995 (18): 331-333.

[283] 岳灵紫, 李纾, 梁竹苑. 风险决策中的领域特异性 [J]. 心理科学进展, 2018, 26 (5): 928-938.

[284] 曾强, 何士刚. 视网膜中的自主感光神经节细胞 [J]. 生物物理学报, 2011, 27 (5): 387-394.

[285] 张斌, 郝彦利, 荣润国. MEQ 量表中文版的信效度研究 [J]. 中国行为医学科学, 2006, 15 (9): 856-858.

[286] 张建勋, 杨玲, 姚东伟, 等. 奖赏和损失情境下男性海洛因戒断者的风险决策缺陷 [J]. 心理科学, 2022, 45 (5): 1259-1266.

[287] 郑洪波, 郑延平. 抑郁自评问卷 (BDI) 在抑郁患者中的应用 [J]. 中国神经精神疾病杂志, 1987 (13): 236-237.

[288] 庄锦英. 情绪与决策的关系 [J]. 心理科学进展, 2003 (11): 423-431.